"三农"贷款
与县域金融统计

中国人民银行调查统计司　编

中国金融出版社

责任编辑：贾　真
责任校对：孙　蕊
责任印制：丁淮宾

图书在版编目（CIP）数据

"三农"贷款与县域金融统计（"Sannong" Daikuan yu Xianyu Jinrong Tongji）/中国人民银行调查统计司编．—北京：中国金融出版社，2012.10
　ISBN 978 - 7 - 5049 - 6490 - 8

　Ⅰ.①三…　Ⅱ.①中…　Ⅲ.①农业贷款—研究—中国②县级经济—金融统计—研究—中国　Ⅳ.①F832

中国版本图书馆 CIP 数据核字（2012）第 154008 号

出版
发行　**中国金融出版社**
社址　北京市丰台区益泽路 2 号
市场开发部　（010）63266347，63805472，63439533（传真）
网 上 书 店　http：//www.chinafph.com
　　　　　　（010）63286832，63365686（传真）
读者服务部　（010）66070833，62568380
邮编　100071
经销　新华书店
印刷　北京松源印刷有限公司
尺寸　169 毫米×239 毫米
印张　10.75
字数　158 千
版次　2012 年 10 月第 1 版
印次　2012 年 10 月第 1 次印刷
定价　32.00 元
ISBN 978 - 7 - 5049 - 6490 - 8/F.6050
如出现印装错误本社负责调换　联系电话（010）63263947

编　委　会

序

"三农"问题关乎国家经济社会发展全局，始终是党中央、国务院高度重视的一项工作。金融是支持"三农"发展的重要力量，对促进农业发展、繁荣农村经济、增加农民收入发挥着关键作用。

近些年，在党中央、国务院的正确领导下，中国人民银行大力推进农村金融体系改革、改善农村金融服务。同时，为了有效促进金融机构加大"三农"信贷投放，认真研究建立衡量标准和考核办法。2007年，中国人民银行会同中国银行业监督管理委员会建立了《涉农贷款专项统计制度》，确定了在全口径涉农贷款概念下按照地域、主体和用途三个维度分别反映"三农"贷款的统计框架，健全了我国农村金融基础建设体系，为各部门制定落实有关激励和扶持政策提供了重要的参考指标体系。2010年，在党的十七届三中全会通过的《中共中央关于推进农村改革发展若干重大问题的决定》指引下，中国人民银行会同中国银行业监督管理委员会制定《关于鼓励县域法人金融机构将新增存款一定比例用于当地贷款的考核办法（试行）》，对考核达标的县域法人金融机构实施正向激励政策，鼓励县域法人金融机构将新增存款主要用于当地发放贷款，为切实促进县域信贷资金投入建立了评价体系和激励抓手。

当前，中国人民银行继续对农村信用社执行比大型商业银行低6~7个百分点的存款准备金率，加大支农再贷款投放力度，引导资金支持"三农"发展；对考核达标的县域法人金融机构执行低于同类金融机构正常标准 1 个百分点的存款准备金率；对农业银行"三农金融事业部"改革试点中涉农贷款投放较多的县支行实行比农业银行低 2 个百分点的优惠存款准备金率。此外，财税部门颁布实施涉农贷款"增量奖励"和"定向费用补贴"等扶持政策，对农村合作金融机构部分涉农贷款相关业务收入减免营业税和所得税。各级地方政府也积极研究制定各类配套奖励措施，鼓励中小金融机构支持"三农"。在多方共同努力下，我国"三农"贷款保持较快增长，涉农金融服务不断改善。2011 年末，农村贷款、农户贷款和农业贷款余额分别为 12.1 万亿元、3.1 万亿元和 2.4 万亿元，在各项贷款余额中所占的比重分别为 20.9%、5.3% 和 4.2%。

为了使数据使用者和政策决策者全面、系统地了解我国"三农"贷款和县域金融的发展和现状，调查统计司组织人员编撰了此书。全书分为四个部分，第一部分是"三农"贷款统计概览和统计报表，以图表的形式展示我国信贷支持"三农"的发展情况。第二部分是县域法人金融机构考核情况，反映自考核实施以来近两年的各机构考核结果和考核工作开展情况。第三部分是农村类金融机构发展状况，以统计分析报告形式描述县域金融中新兴起的村镇银行、小额贷款公司发展现状，以统计表形式反映农村合作金融机构整体和分地区的资金来源和运用状况。第四部分是涉农贷款专项统计制度及有关扶持政策。

我们希望此书能给关心"三农"贷款与县域金融的读者提供有价值的参考。我也希望读者以本书为线索，结合工作实际，深入研究分析当地"三农"贷款、县域金融与地方经济发展的关系，为发展我国的"三农"事业和县域经济建言献策。

潘功胜

二〇一二年八月

目　　录

图索引

表索引

第一部分

"三农"贷款统计概览和统计报表

❖ "三农"贷款统计概览

❖ 涉农贷款专项统计报表

一、"三农"贷款统计概览

"三农"贷款统计概览包括农业篇、农村篇、农户篇和涉农篇四部分，分别从贷款总量、增速、地区分布、机构分布、贷款质量等不同的角度，以直观的图表形式，对农业、农村、农户和涉农贷款的结构情况进行了详细描述，并结合第一产业增加值、农村固定资产投资、乡村消费品零售总额等指标阐述了"三农"贷款增长与农村经济发展的关系。

（一）农业篇

1. 农林牧渔业贷款①增速放缓，略低于各项贷款增速

2011 年末，农业贷款（本外币，下同）余额 2.44 万亿元，同比增长 13.7%，增速较上年同期降低 4.6 个百分点，比各项贷款（本外币，下同）增速低 2.2 个百分点（见图 1）。

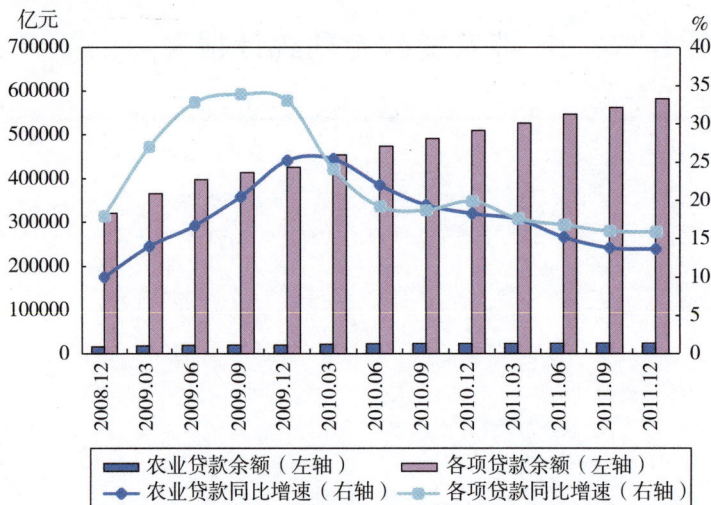

图 1　2008—2011 年农业贷款与各项贷款余额及同比增速图

---

① 农林牧渔业贷款指金融机构发放给各承贷主体从事国民经济行业分类（GB/T4754-2002）中 A 门类（农、林、牧、渔业）所属活动的所有贷款，除特别说明外，以下简称农业贷款。

2. 农业贷款同比增速远高于第一产业增加值增速

2011年末,农业贷款余额同比增长13.7%,第一产业增加值同比增长4.5%,农业贷款同比增速比第一产业增加值同比增速高出9.2个百分点。2008—2011年,第一产业增加值增速稳定在4.2%~5.5%。农业贷款同比增速随各项贷款增速上升后逐步回落,但仍远高于第一产业增加值增速(见图2)。

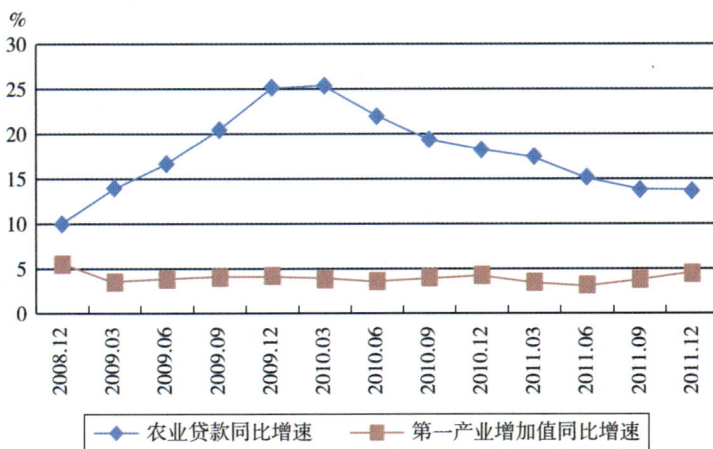

图2 2008—2011年农业贷款与第一产业增加值同比增速图

3. 农业贷款占各项贷款比重下降,且低于第一产业增加值占GDP的比重,第一产业投资在固定资产投资中占比下降

2011年末,农业贷款余额占各项贷款余额的比重为4.2%,较2007年末下降1.2个百分点。同期第一产业增加值在国内生产总值中的占比为10.1%,较2007年下降0.7个百分点,比农业贷款占各项贷款的比重高出5.9个百分点,且二者之间的差距较2007年扩大0.5个百分点(见图3)。

第一产业投资在固定资产投资中的占比也有所下降。2010年,第一产业完成固定资产投资7923亿元,在全社会固定资产投资总额中的占比为2.85%,分别较2009年和2008年下降0.22个和0.08个百分点(见图4)。

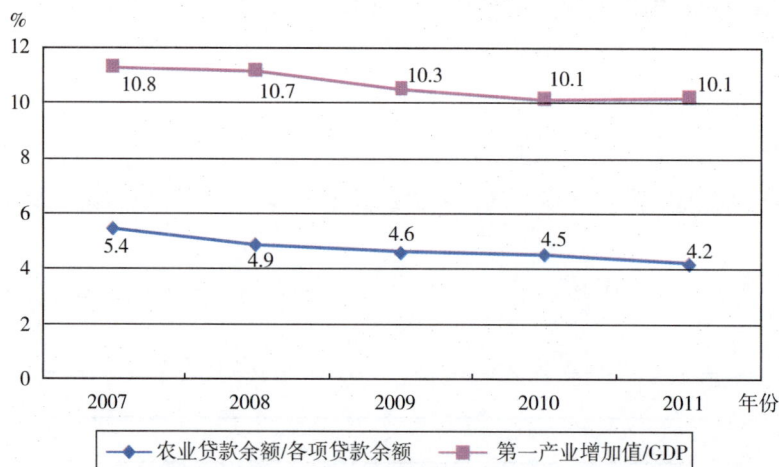

图3　2007—2011年农业贷款占各项贷款比重与第一产业增加值占GDP比重图

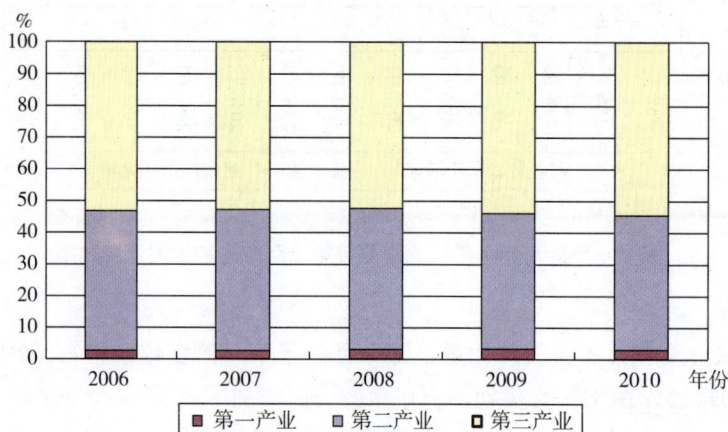

图4　2006—2010年全社会固定资产投资按产业部门分类占比图

4. 种植业贷款占比不断下滑，林业、渔业贷款增长较快

2011年末，种植业贷款余额1.6万亿元，在农业贷款总量中的占比为65.6%，比上年末下降2个百分点；林业贷款和渔业贷款余额分别为1267亿元和887亿元，同比分别增长23.0%和15.5%，增速分别比上年末提高8.5个和0.9个百分点，占比也相应分别上升0.7个和0.3个百分点（见图5）。

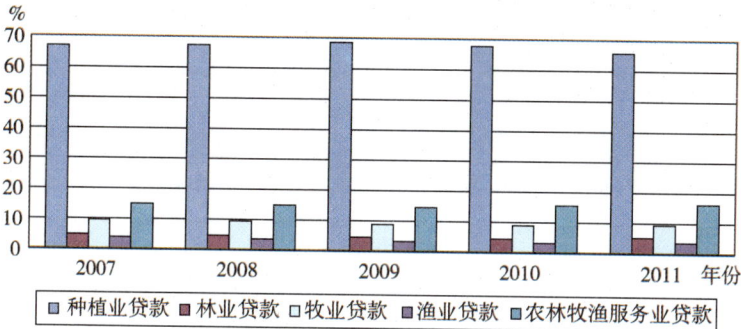

图5　2007—2011年各类农业贷款余额占比图

5. 农户的农业贷款保持较快增长，企业和各类组织农业贷款增速回落明显

2011 年末，发放给农户的农业贷款同比增长 16.3%，较上年末回落 4.5 个百分点，与农业贷款增速的整体回落情况基本一致。企业的农业贷款同比增长 14.4%，较上年末回落 9.8 个百分点；各类组织的农业贷款总量连续两年萎缩，2011 年末余额较上年末下降 115 亿元（见图 6）。

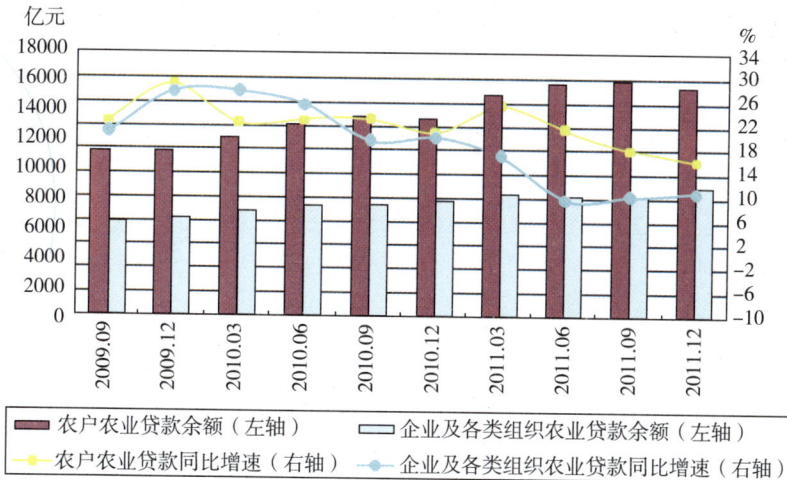

图6　2009—2011年农业贷款按主体分类的余额和同比增速图

5

6. 农村合作金融机构①的农业贷款份额较上年有所回落

分机构看,农村合作金融机构是农业信贷投放的主力,但所占份额连续三年回落。2011年末,农村合作金融机构的农业贷款占农业贷款总量的73.3%,同比下降1.6个百分点(见表1)。

表1 2009—2011年农业贷款余额分机构占比表

日期	农村合作金融机构(%)	其他银行业金融机构(%)
2009.12	78.5	21.5
2010.12	74.9	25.1
2011.12	73.3	26.7

7. 中西部地区农业贷款增长较快,东部地区农业贷款增长较慢

2011年末,东部、中部、西部和东北地区②农业贷款余额分别为7279亿元、6994亿元、7226亿元和2923亿元,分别比上年增长7.2%、15.2%、20.3%和11.9%,其中西部、中部地区增速较快,分别高出全国平均增速1.5个、6.6个百分点,东部地区农业贷款增长较慢,比全国平均增速低6.5个百分点(见表2)。

表2 2011年末农业贷款分地区表

地区	余额(亿元)	同比增速(%)
东部	7279	7.2
中部	6994	15.2
西部	7226	20.3
东北	2923	11.9

---

① 农村合作金融机构包括农村信用社、农村合作银行和农村商业银行,下同。
② 根据国家统计局东部、中部、西部和东北地区的划分标准,东部地区包括北京市、天津市、河北省、上海市、江苏省、浙江省、福建省、山东省、广东省、海南省;中部地区包括山西省、安徽省、江西省、河南省、湖北省、湖南省;西部地区包括内蒙古自治区、广西壮族自治区、重庆市、四川省、贵州省、云南省、西藏自治区、陕西省、甘肃省、青海省、宁夏回族自治区、新疆维吾尔自治区;东北地区包括辽宁省、吉林省和黑龙江省,下同。

8. 农业贷款不良率持续下降，与各项贷款、涉农贷款的不良率差距逐步缩小

2011 年末，农业贷款不良率为 7.5%，比上年同期下降 1.8 个百分点，比 2007 年末下降 19.4 个百分点。2011 年末，农业贷款不良率比各项贷款、涉农贷款不良率分别高出 5.7 个和 4.6 个百分点，比 2007 年末的二者差距分别缩小了 12.7 个和 6.1 个百分点（见图 7）。

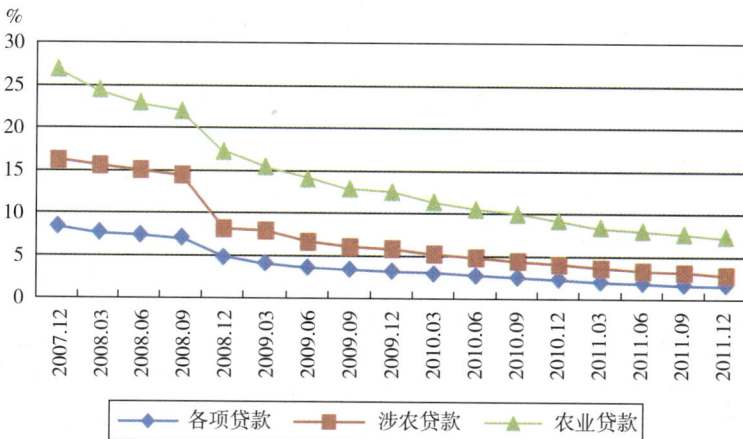

图 7　2007—2011 年农业贷款、涉农贷款和各项贷款不良率图

（二）农村篇

1. 农村贷款①增速趋缓，但仍高于各项贷款增速

2011 年末，农村贷款余额 12.15 万亿元，同比增长 24.7%，增速较上年同期低 6.8 个百分点，但仍高出同期各项贷款增速 8.8 个百分点。当年农村贷款同比增速逐季趋缓。2011 年全年新增农村贷款 2.25 万亿元，占各项贷款新增量的 28.6%，比上年同期提高 0.5 个百分点（见图 8）。

农村固定资产投资在全社会固定资产投资总量中的占比逐年下降。2010 年，农村固定资产投资总额为 36691 亿元，在全社会固定资产投资总量中的占

---

①　金融机构发放给注册地位于农村区域的企业及各类组织的所有贷款和农户贷款。农村区域指除地级及以上城市的城市行政区及其市辖建制镇以外的区域。

比为 13.2%，较 2009 年下降 0.5 个百分点，较 2000 年下降 7.1 个百分点（见图 9）。

图 8　2008—2011 年农村贷款、各项贷款余额和同比增速图

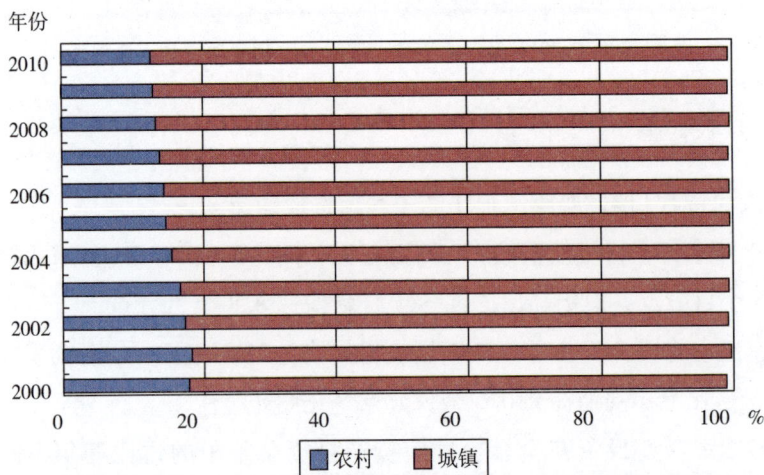

图 9　2000—2010 年全社会固定资产投资按城乡分类占比图

2. 农村贷款中近二成为农业贷款,农产品加工贷款、农村基础设施建设贷款增长较快

2011年末,农村的农业贷款余额2.1万亿元,在农村贷款中占17.5%,比上年同期降低1.4个百分点;农产品加工贷款和农村基础设施建设贷款余额同比分别增长26.5%和26.2%,高于农村贷款整体增速(见图10)。

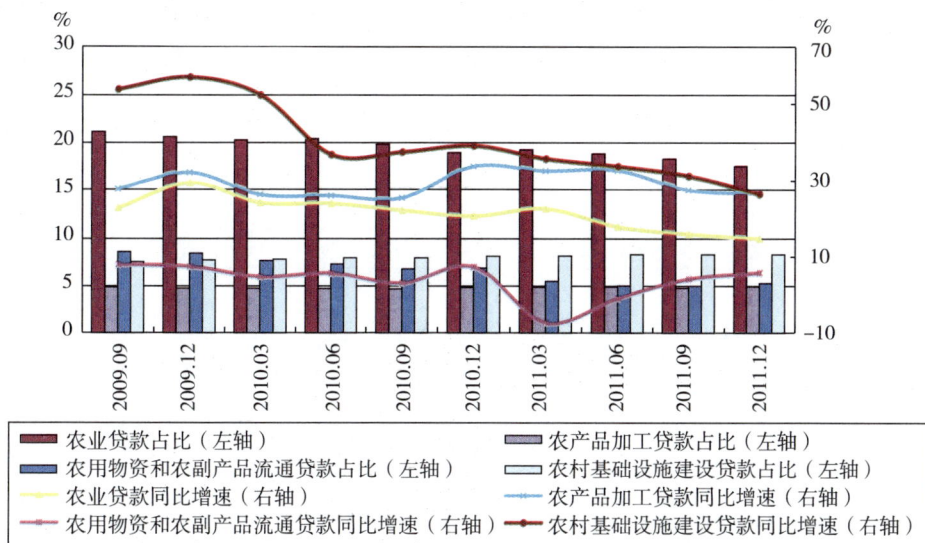

图10 2009—2011年各类农村贷款余额占比和同比增速图

3. 企业贷款占农村贷款七成,农户贷款和各类组织贷款占比下降

2011年末,农村企业贷款余额8.5万亿元,占农村贷款的70.1%,比上年末提高3.2个百分点;农户贷款和各类组织贷款在农村贷款中的占比分别为25.5%和4.4%,比上年末分别下降1.0个和2.1个百分点,比2007年末分别下降1.1个和4.4个百分点(见图11)。

4. 农村合作金融机构农村贷款所占比重有所下降

2011年末,农村合作金融机构和其他金融机构的农村贷款在全部金融机构农村贷款中的占比分别为33.9%和66.1%,其中农村合作金融机构占比较上年末下降1.9个百分点(见表3)。

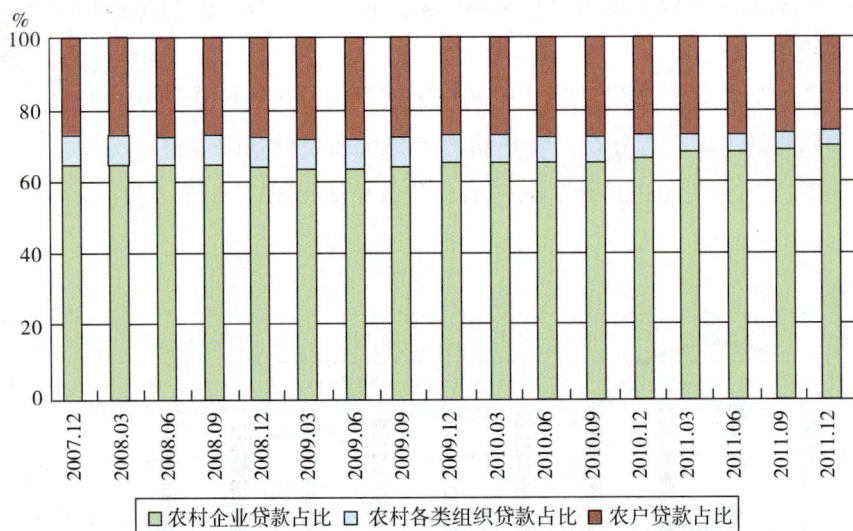

图11 2007—2011年农村贷款余额按承贷主体分类占比图

表3 2009—2011年农村贷款余额分机构占比表

日期	农村合作金融机构（%）	其他银行业金融机构（%）
2009.12	37.6	62.4
2010.12	35.8	64.2
2011.12	33.9	66.1

5. 西部地区农村贷款增长快于东部、中部和东北地区

2011年末，西部地区农村贷款余额2.5万亿元，全年增加4777亿元，同比增长28.5%，增速分别高出东部、中部和东北地区6.1个、0.9个和5.4个百分点；东部地区农村贷款增长较慢，2011年增长22.4%，低于农村贷款整体增速2.3个百分点（见表4）。

表4 2011年末农村贷款分地区表

地区	余额（亿元）	同比增速（%）
东部	66969	22.4
中部	21883	27.6
西部	25410	28.5
东北	7045	23.1

6. 农村中小企业贷款增长迅速，在农村企业贷款和企业涉农贷款①中占比逐年提高

2011 年末，农村中小企业贷款余额 5.5 万亿元，同比增长 46.2%，分别高出同期农村企业贷款和企业涉农贷款增速 16.4 个和 17.9 个百分点；农村中小企业贷款余额分别占农村企业贷款和企业涉农贷款的 65% 和 51.8%，比上年末分别提高 7.3 个和 6.4 个百分点（见图 12）。

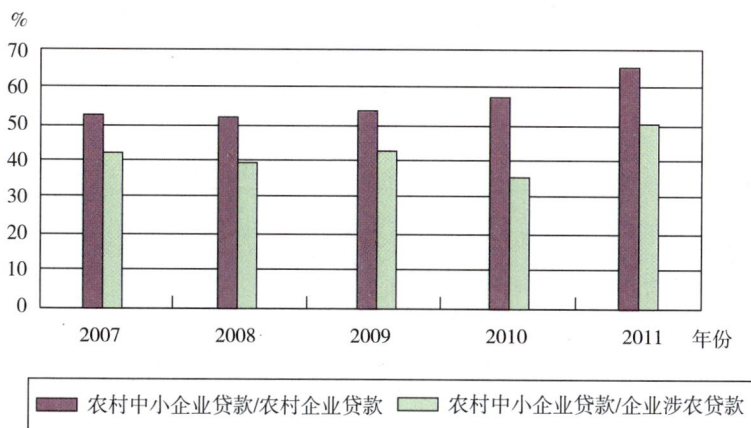

图 12　2007—2011 年农村中小企业贷款余额占农村企业贷款、企业涉农贷款比重图

（三）农户篇

1. 农户贷款②快速增长，八成多用于生产经营，消费贷款增速较高

2011 年末，农户贷款余额 3.1 万亿元，同比增长 19.1%，高于同期各项贷款增速 3.2 个百分点。2011 年农户贷款增加 5079 亿元，占全部住户贷款增量的 21%。

从投向看，2011 年末，农户生产经营贷款余额 2.58 万亿元，占农户贷款的 83.3%，占比较 2008 年末下降 3.7 个百分点；农户消费贷款余额 5176 亿元，占农户贷款的 16.7%，比上年末提高 0.9 个百分点。农户消费贷款余额同比增

---

① 企业涉农贷款包括农村企业贷款和城市企业涉农贷款，后者指金融机构发放给注册地位于城市区域的企业从事农林牧渔业活动以及支持农业和农村发展的贷款。

② 农户贷款指金融机构发放给农户的所有贷款。农户指长期（一年以上）居住在乡镇（不包括城关镇）行政管理区域内的住户，还包括长期居住在城关镇所辖行政村范围内的住户和户口不在本地而在本地居住一年以上的住户，及国有农场的职工和农村个体工商户。

长 26.1%，比农户贷款增速高出 7 个百分点（见图 13）。

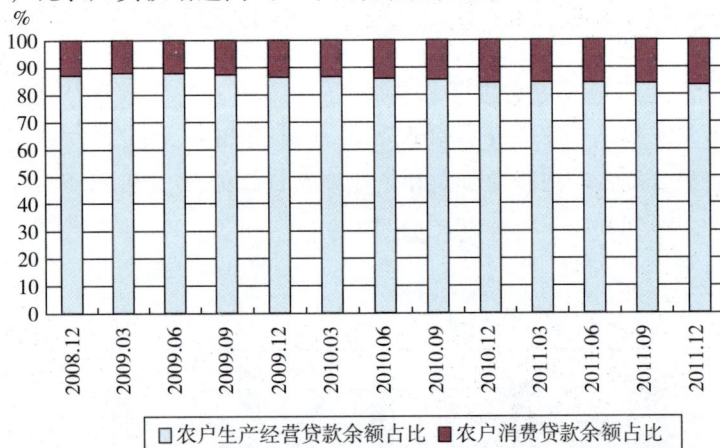

图 13　2008—2011 年农户贷款余额分类占比图

　　在农村经济发展及农户消费贷款快速增长等因素支持下，乡村消费品零售总额①与城镇消费品零售总额增速的差距不断缩小。2011 年，乡村消费品零售总额同比增长 16.7%，与城镇消费品零售总额同比增速之间相差 0.5 个百分点，二者差距较上年缩小 2.2 个百分点（见图 14）。

图 14　2004—2011 年社会消费品零售总额和同比增速图

　　① 根据国家统计局网站资料，2004—2009 年社会消费品零售总额按地区划分为城市消费品零售额和县及县以下消费品零售额，2010 年分类方法调整为按经营地划分为城镇消费品零售额和乡村消费品零售额。

2. 农村合作金融机构是农户信贷资金的主要供给方，但占比不断降低

2011 年末，农村合作金融机构农户贷款余额 2.3 万亿元，占总量的 75.6%，占比分别较 2010 年和 2009 年下降 2.5 个和 5.9 个百分点，但仍是农户信贷资金的主要供给方（见表5）。

表5　2009—2011 年农户贷款余额分机构占比表

日期	农村合作金融机构（%）	其他金融机构（%）
2009.12	81.5	18.5
2010.12	78.1	21.9
2011.12	75.6	24.4

3. 农户贷款中抵质押贷款占比不断提高，信用贷款和保证贷款占比逐年下降

2011 年末，抵押贷款和质押贷款在农户贷款中的占比分别为 35.5% 和 1.8%，分别比上年末提高 4.1 个和 0.2 个百分点；信用贷款和保证贷款在总量中的占比分别为 15.7% 和 46.9%，分别比上年末降低 2.5 个和 1.8 个百分点（见图15）。

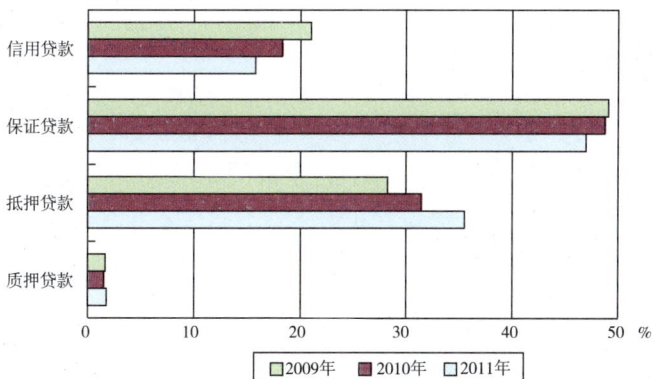

图15　2009—2011 年农户贷款余额按信用形式分类占比图

4. 农户贷款不良率持续下降，但仍高于各项贷款和涉农贷款不良率

2011 年末，农户贷款不良率为 6.7%，比上年同期低 1.8 个百分点，比涉农贷款和各项贷款不良率分别高 3.8 个和 4.9 个百分点。与 2007 年末相比，农户贷款不良率下降较为明显，累计下降 15.4 个百分点，下降幅度比同期各项贷款和涉农贷款不良率降幅分别高出 8.7 个和 2.1 个百分点（见图16）。

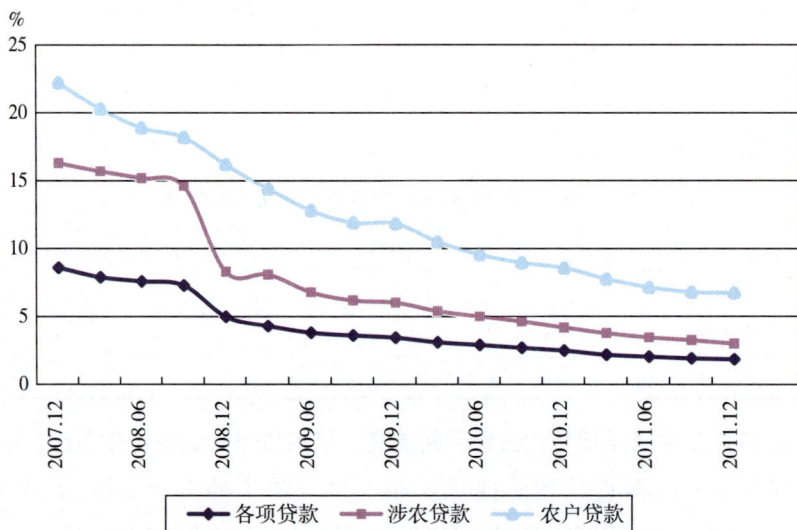

图16 2007—2011 年农户贷款、涉农贷款和各项贷款不良率图

（四）涉农篇

1. 涉农贷款规模稳步扩大并保持较快增长

2011 年末，全口径涉农贷款[①]余额 14.6 万亿元，占同期各项贷款余额的 25.1%，占比较上年末提高 2 个百分点；余额同比增长 24.9%，比上年末下降 4 个百分点，比同期各项贷款增速高 9.2 个百分点。全年涉农贷款增加 2.73 万亿元，占同期新增各项贷款的 34.6%，比上年占比高 3.1 个百分点（见图17）。

2. 从"三农"贷款看，农户贷款占比周期性变化特征明显，农业贷款占比不断下滑，农村贷款占比先降后升

农户贷款与农业生产周期中的资金需求变动较为一致，在各年内表现为

---

① 为了全面、科学地统计"三农"贷款，涉农贷款统计制度中按照用途、城乡地域、受贷主体分别统计，以从不同侧面反映金融业对农业、农村、农民的支持力度，由此构建了全口径涉农贷款统计口径，从三个维度同时分别反映涉农贷款的规模和结构，即从用途维度看：涉农贷款 = 农业贷款 + 其他用途涉农贷款；从城乡地域看：涉农贷款 = 农村贷款 + 城市涉农贷款；从主体维度看：涉农贷款 = 农户贷款 + 涉农企业及各类组织贷款 + 非农户个人农林牧渔业贷款。涉农贷款各层次数据互有交叉，但每个子类加总后的涉农贷款总量相等。数据使用者可根据需要取用不同维度的数据（详见本书第四部分"涉农贷款专项统计制度"）。

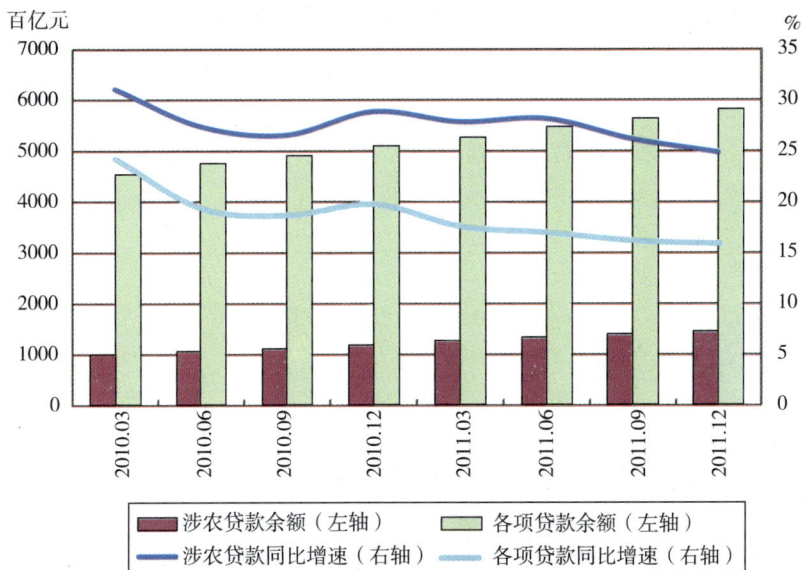

图 17 2010—2011 年各项贷款、涉农贷款余额和同比增速图

"中间高、两头低"的走势，2011 年末占比为 21.2%，比 2007 年末下降 0.7 个百分点；农村贷款在涉农贷款中的占比呈先降后升的特点，先由 2007 年末的 82.4%下降至 2008 年末的 80.4%，后又上升至 2011 年末的 83.2%；农业贷款占涉农贷款比重由 2007 年末的 24.6%下滑到 2011 年末的 16.7%（见图 18）。

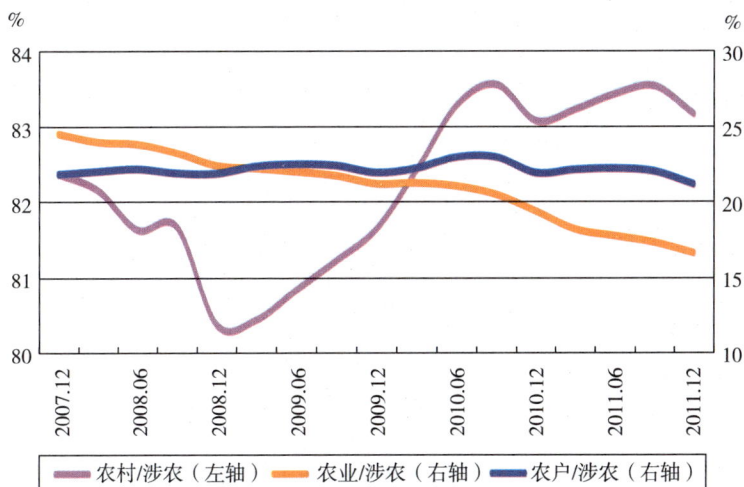

图 18 2007—2011 年农业、农村和农户贷款占涉农贷款的比重图

3. 从用途看，农村基础设施建设贷款增长快于农业贷款、农用物资和农副产品流通贷款

2011 年末，农村基础设施建设贷款余额 1.9 万亿元，同比增长 23.5%，分别快于农业贷款、农用物资和农副产品流通贷款增速 9.8 个和 12.2 个百分点；在涉农贷款余额中的占比为 13.2%，较上年同期略降 0.1 个百分点（见图 19 和图 20）。

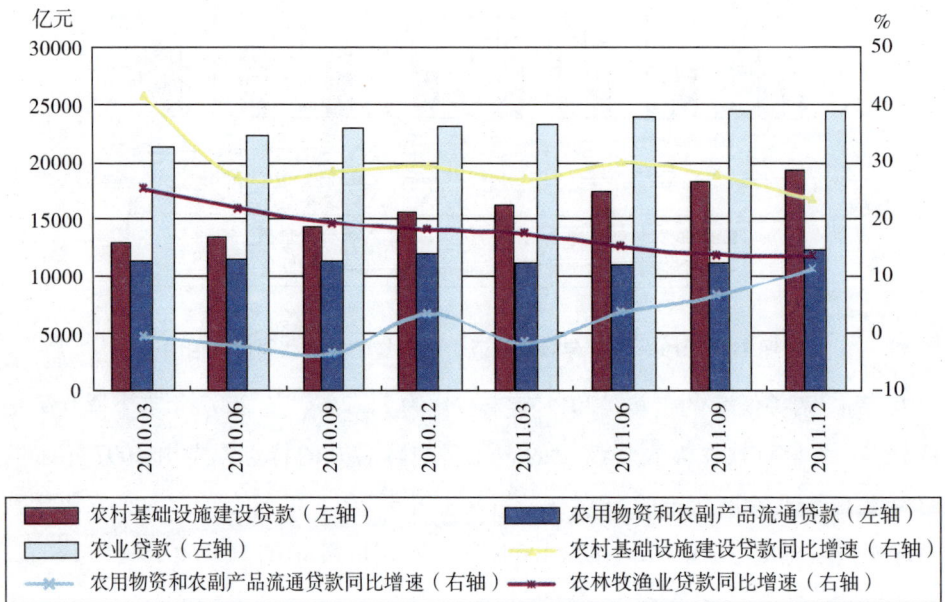

图 19　2010—2011 年涉农贷款按投向分类余额和同比增速图

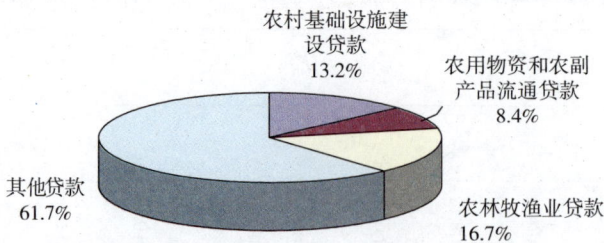

图 20　2011 年涉农贷款余额按投向分类占比图

4. 从城乡地域看，城市涉农贷款增速高于农村贷款，农村贷款增速下滑明显

2011年末，城市涉农贷款①余额2.45万亿元，同比增长26.0%，比上年同期高8.8个百分点，高于同期农村贷款增速1.3个百分点。2011年，农村贷款同比增速持续下滑，在涉农贷款总量中的占比为83.2%，较上年同期下降0.1个百分点（见图21）。

图21 2010—2011年涉农贷款按城乡地域分类余额和同比增速图

5. 从受贷主体看，企业涉农贷款和农户贷款增速快于各类非企业组织涉农贷款

2011年末，企业涉农贷款和农户贷款余额分别为10.69万亿元和3.1万亿元，同比分别增长28.3%和19.1%，较上年同期分别下降2.6个和10.3个百分点；各类非企业组织涉农贷款余额0.74万亿元，同比增长0.8%，低于上年同期9.4个百分点（见图22）。

6. 从期限结构看，中长期涉农贷款占比逐年提高

2011年末，中长期涉农贷款余额同比增长25.4%，高出短期涉农贷款增速2.2个百分点，占涉农贷款余额的比重为41.3%，占比逐年提高（见表6）。

---

① 城市涉农贷款包括非农户个人农林牧渔业贷款和城市企业及各类组织涉农贷款，后者指发放给注册地位于城市区域的企业和各类组织从事农林牧渔业活动及支持农业和农村发展的贷款。

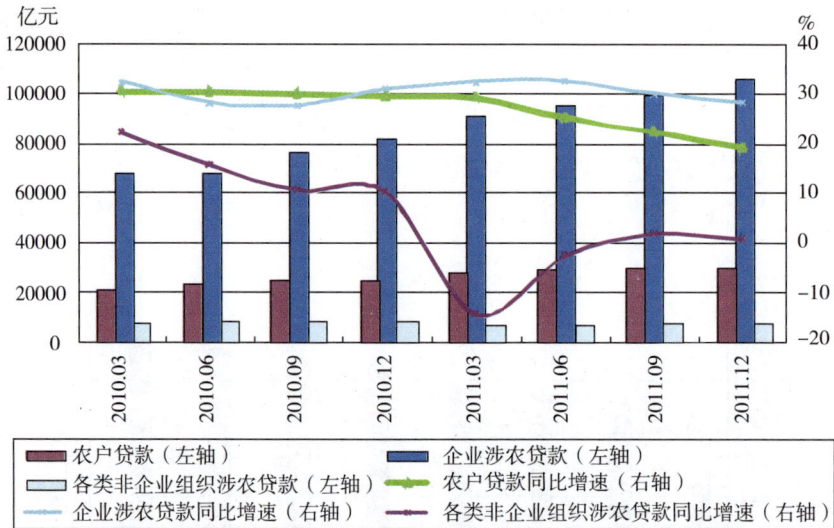

图22 2010—2011年涉农贷款按承贷主体分类余额和同比增速图

表6 2007—2011年各项贷款和涉农贷款分期限表

项目	各项贷款余额		涉农贷款余额	
	占比（%）		占比（%）	
年份	短期	中长期	短期	中长期
2007	47.4	49.9	72.1	27.9
2008	46.2	51.3	68.7	31.3
2009	35.6	55.4	63.0	37.0
2010	33.6	59.9	59.2	40.8
2011	37.4	57.4	58.7	41.3

注：2007—2008年涉农贷款统计口径中包含票据融资，因此上表的各项贷款中的短期贷款中含票据融资；2009—2011年涉农贷款统计口径中不含票据融资，相应的各项贷款中的短期贷款剔除票据融资。

7. 分地区看，西部地区涉农贷款增势强劲，东部、中部和东北地区涉农贷款增长稳中有升

2011年末，西部地区涉农贷款余额3.2万亿元，自2007年以来，年均增长30.9%；东部地区涉农贷款余额7.7万亿元，自2007年以来，年均增长23.2%；中部地区涉农贷款余额2.7万亿元，自2007年来，年均增长22%；东北地区涉农贷款余额0.9万亿元，自2007年以来，年均增长19.6%（见图23）。

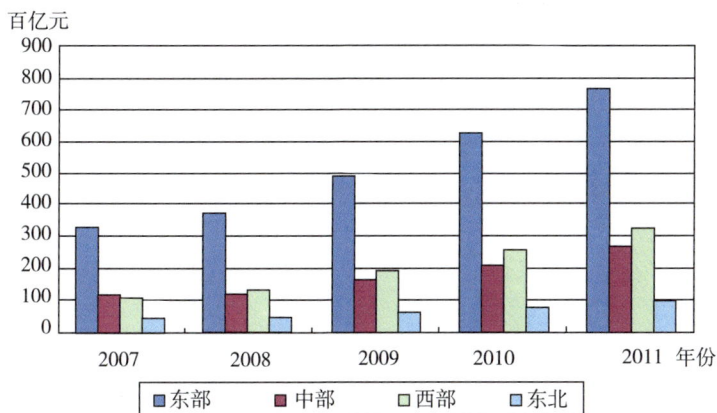

图23 2007—2011年涉农贷款余额地区分布图

8. 东部地区涉农贷款占全国一半以上，西部地区占比上升较快

2011年末，东部地区涉农贷款占全国的52.5%，比2007年末下降1.9个百分点；中部地区涉农贷款余额占全国的18.2%，比2007年末下降1.4个百分点；西部地区涉农贷款所占比重上升较快，由2007年末的18%上升到2011年末的22.2%；东北地区涉农贷款所占比重2011年末为6.5%，比2007年末下降1个百分点（见图24）。

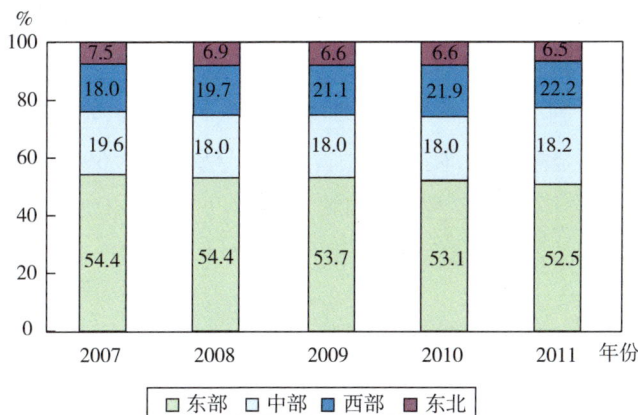

图24 2007—2011年涉农贷款余额分地区占比图

9. 分机构看，各类金融机构涉农贷款稳步增长

农村合作金融机构涉农贷款余额由 2007 年末的 2.1 万亿元增加到 2011 年末的 4.6 万亿元；四家大型银行①由 2.2 万亿元增加到 4.8 万亿元；国家开发银行和政策性银行由 1.3 万亿元增加到 2.5 万亿元。2011 年第一季度以来，四家大型银行涉农贷款余额开始超越农村合作金融机构，且差距不断扩大（见图 25）。

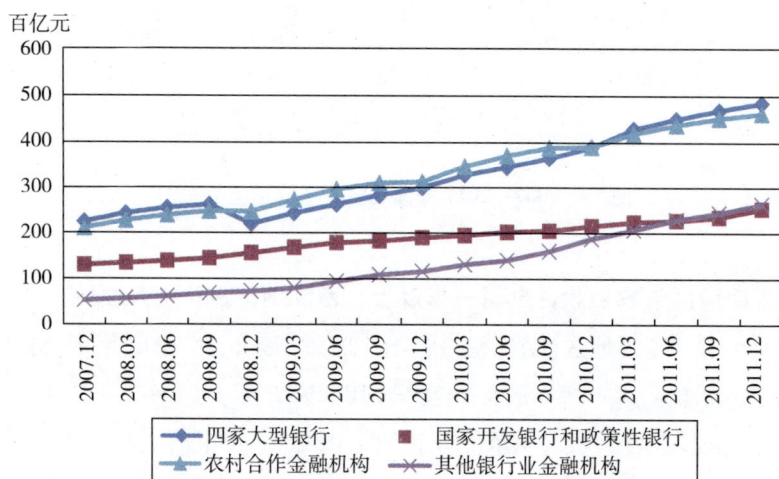

图 25　2007—2011 年涉农贷款余额机构分布图

10. 农村合作金融机构、四家大型银行仍是涉农贷款投放的主力，其他银行业金融机构②所占份额快速提高

2011 年末，农村合作金融机构、四家大型银行、国家开发银行和政策性银行以及其他银行业金融机构涉农贷款所占比重分别为 31.6%、33.1%、17.3% 和 18%。与 2007 年末相比，前三类机构占比均出现不同程度的下降，其他银行业金融机构的占比则快速提高，2011 年末的占比较 2007 年末提高了 9.5 个百分点（见图 26）。

---

① 四家大型银行包括中国工商银行、中国农业银行、中国银行和中国建设银行，下同。
② 其他银行业金融机构包括中国邮政储蓄银行、中资中型银行（指招商银行、中信银行等 17 家中型银行）、小型城市商业银行、村镇银行和财务公司。

%

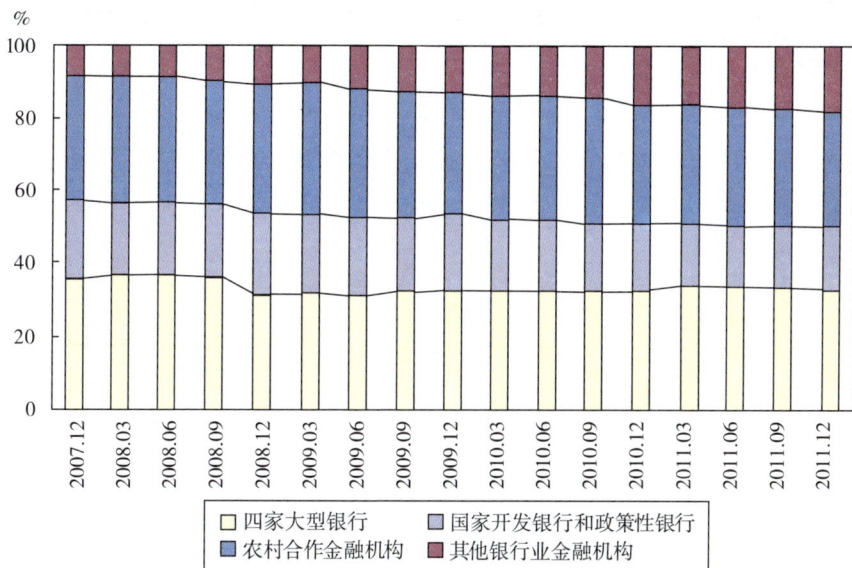

图26 2007—2011年涉农贷款余额分机构占比图

11. 涉农不良贷款规模不断缩小，贷款质量持续稳步提高

涉农不良贷款余额由2007年末的9900亿元下降至2011年末的4258亿元，其中农业不良贷款由4054亿元降至1831亿元；农户不良贷款由2965亿元降至2068亿元；农村不良贷款由8763亿元降至3891亿元（见图27）。

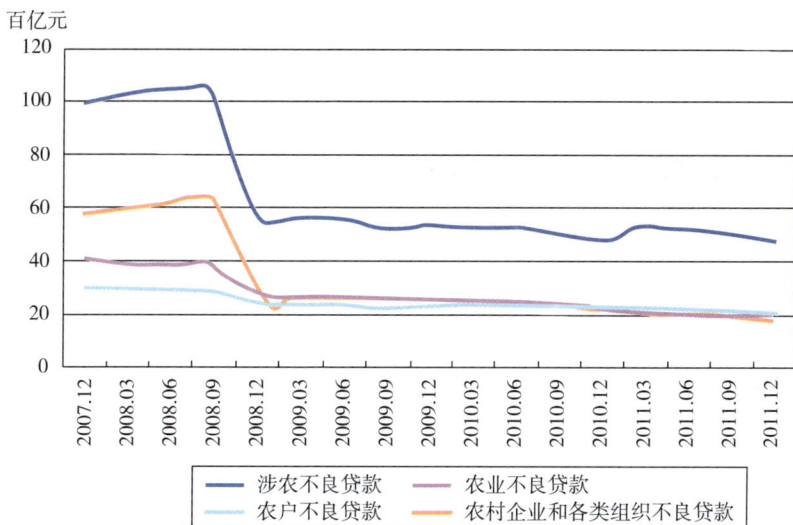

图27 2007—2011年农业、农村、农户和涉农不良贷款余额图

12. 涉农、农业、农户和农村贷款不良率持续下降，与各项贷款不良率的差距不断缩小

涉农贷款不良率由 2007 年末的 16.2% 下降至 2011 年末的 2.9%，涉农贷款与各项贷款的不良率差值由 2007 年末的 7.7 个百分点缩小至 2011 年末的 1.1 个百分点；农业贷款、农户贷款和农村贷款的不良率分别由 2007 年末的 26.9%、22.1% 和 17.4% 下降到 2011 年末的 7.5%、6.7% 和 3.2%（见图 28）。

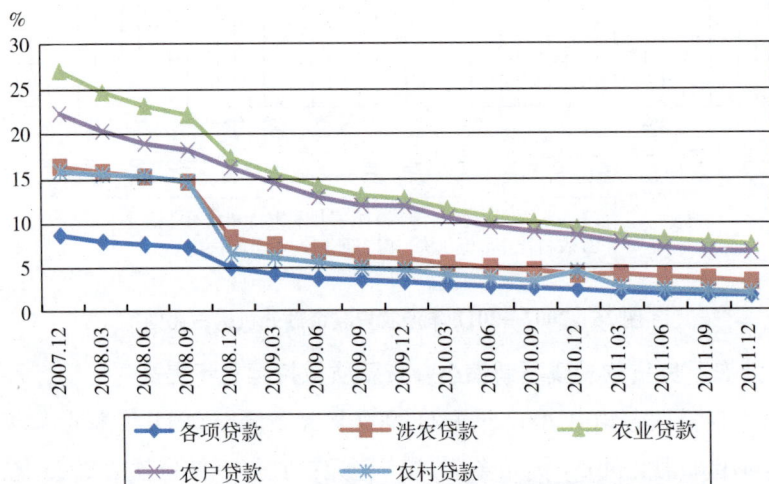

图 28　2007—2011 年各项贷款及农业、农村、农户和涉农贷款不良率图

13. 农村合作金融机构涉农贷款不良率持续稳步下降

2011 年末，农村信用社涉农贷款不良率为 9%，高出全部金融机构 6.0 个百分点；农村合作银行涉农贷款不良率为 2.2%，低于全部金融机构 0.7 个百分点；农村商业银行涉农贷款不良率为 1.8%，低于全部金融机构 1.1 个百分点（见图 29）。

14. 对农村信用社执行比大型商业银行低 6 ~ 7 个百分点的存款准备金率

2011 年末，中资大型商业银行、农村信用社、农村合作银行、农村商业银行的法定存款准备金率水平分别为 21%、15%、15.5% 和 19%，农村信用社法定存款准备金率较大型银行低 6 个百分点，对县域法人金融机构考核达标的部分农村信用社执行低于大型商业银行 7 个百分点的法定存款准备金率（见图 30）。

图29　2007—2011年主要涉农金融机构不良贷款率图

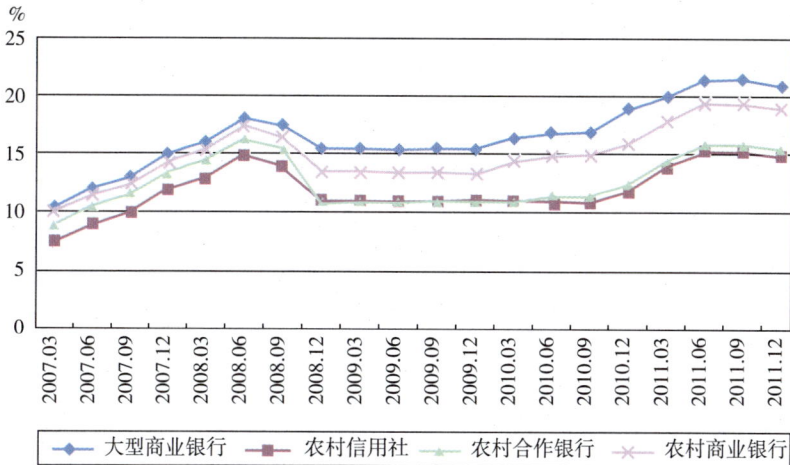

图30　2007—2011年各类金融机构法定存款准备金率图

二、涉农贷款专项统计报表

(一) 2011 年末金融机构涉农贷款统计表

表7　金融机构本外币涉农贷款统计表

项　目	余额（亿元）	同比增长（%）
涉农贷款	146016	24.9
一、按用途分类		
（一）农林牧渔业贷款	24436	13.7
（二）农用物资和农副产品流通贷款	12237	11.3
（三）农村基础设施建设贷款	19286	23.5
（四）农产品加工贷款	9374	34.1
（五）农业生产资料制造贷款	4974	27.5
（六）农田基本建设贷款	1710	11.3
（七）农业科技贷款	319	-6.2
（八）其他	73681	35.5
二、按城乡地域分类		
（一）农村贷款	121469	24.7
1. 农户贷款	31023	19.1
2. 农村企业及各类组织贷款	90446	26.7
（二）城市涉农贷款	24547	26.0
1. 非农户个人农林牧渔业贷款	626	0.0
2. 城市企业及各类组织涉农贷款	23922	22.8
三、按受贷主体分类		
（一）个人涉农贷款	31649	21.5
（二）企业涉农贷款	106939	28.3
1. 农村企业贷款	85093	29.8
其中：农村中小企业贷款	55345	46.2
2. 城市企业涉农贷款	21846	22.9
（三）各类非企业组织涉农贷款	7428	0.8
1. 农村各类组织贷款	5353	-5.3
其中：农民专业合作社贷款	65	0.0
2. 城市各类组织涉农贷款	2075	21.9

表8 金融机构本外币农业贷款统计表

项　目	余额（亿元）	同比增长（%）
农林牧渔业贷款	24436	13.7
一、按行业分类		
1. 农业贷款①	16035	11.6
2. 林业贷款	1267	23.0
3. 畜牧业贷款	2295	11.0
4. 渔业贷款	887	15.5
5. 农林牧渔服务业贷款	3953	9.9
二、按受贷主体分类		
1. 农户农林牧渔业贷款	15238	16.3
2. 非农户个人农林牧渔业贷款	626	0.0
3. 农村企业农林牧渔业贷款	5178	15.1
4. 农村各类组织农林牧渔业贷款	805	−11.0
5. 城市企业农林牧渔业贷款	2449	13.1
6. 城市各类组织农林牧渔业贷款	142	−9.8

表9 金融机构本外币农村贷款统计表

项　目	余额（亿元）	同比增长（%）
农村贷款	121469	24.7
一、按受贷主体分类		
1. 农户贷款	31023	19.1
2. 农村企业贷款	85093	29.8
3. 农村各类组织贷款	5353	−5.3
二、按用途分类		
1. 农村农林牧渔业贷款	21220	14.7
2. 农田基本建设贷款	958	8.7
3. 农产品加工贷款	5944	26.5
4. 农业生产资料制造贷款	3118	26.7
5. 农用物资和农副产品流通贷款	6347	5.6
6. 农业科技贷款	210	−24.0
7. 农村基础设施建设贷款	10000	26.2
8. 农户消费贷款	5176	26.1
9. 其他	68495	30.6

---

① 表中的农业贷款仅指农作物种植业贷款。

表10 金融机构本外币农户贷款统计表

项 目	余额（亿元）	同比增长（%）
农户贷款	31023	19.1
一、按用途分类		
1. 农户生产经营贷款	25847	17.8
农户农林牧渔业贷款	15238	16.3
农户其他生产经营贷款	10609	20.1
2. 农户消费贷款	5176	26.1
其中：助学贷款	128	36.8
二、按信用形式分类		
1. 信用贷款	4886	2.6
其中：农户小额信用贷款	3278	5.4
2. 保证贷款	14559	14.8
其中：农户联保贷款	3453	13.8
3. 抵押贷款	11021	34.6
4. 质押贷款	558	37.6

表11 金融机构本外币涉农贷款分地区统计表

单位：亿元、%

	各项贷款		涉农贷款		农林牧渔业贷款		农村贷款		农户贷款	
	余额	同比增长	余额	同比增长	余额	同比增长	余额	同比增长	余额	同比增长
全国	581893	14.3	146016	24.9	24436	13.7	121469	24.7	31023	19.1
总行	21447	3.4	1002	94.1	14	−28.0	162	74.3	4	0.0
北京	39661	8.7	1668	43.4	152	−2.4	584	1.6	41	−5.1
天津	15925	15.6	1457	28.1	117	−3.3	635	38.4	92	2.7
河北	18461	15.7	6808	33.1	1045	−2.9	6292	34.8	1313	12.8
山西	11266	15.8	4391	33.7	770	9.4	3910	34.1	922	19.0
内蒙古	9812	22.8	3128	32.0	859	27.3	2399	28.1	629	25.3
辽宁	22832	16.4	3866	31.8	1049	16.5	3085	28.7	835	15.2

续表

	各项贷款		涉农贷款		农林牧渔业贷款		农村贷款		农户贷款	
	余额	同比增长	余额	同比增长	余额	同比增长	余额	同比增长	余额	同比增长
吉林	8241	13.2	2256	17.6	622	2.9	1601	13.3	501	5.2
黑龙江	8761	18.5	3302	23.8	1252	13.0	2359	23.5	1080	18.0
上海	37197	8.9	1338	42.8	90	28.7	517	84.5	63	34.7
江苏	50284	13.8	17995	20.8	1063	18.8	16682	20.2	2315	22.8
浙江	53239	13.4	21178	18.6	813	18.2	19959	17.7	4258	18.6
安徽	14146	20.5	4045	32.7	737	0.0	3069	32.5	1083	21.0
福建	18983	19.2	5744	25.9	641	11.8	5287	26.0	1153	20.0
江西	9302	18.6	3337	24.9	1026	18.4	2760	24.3	1093	27.9
山东	37522	15.3	14128	22.3	2575	2.8	12721	22.2	3001	10.4
河南	17649	10.3	7107	19.7	2405	15.8	6165	22.2	1924	13.0
湖北	16324	11.7	3781	29.5	814	25.1	2636	29.1	644	26.5
湖南	13463	16.8	3943	28.9	1242	19.9	3343	28.5	1390	29.8
广东	58615	13.2	5515	21.1	641	8.0	3710	28.1	1077	11.3
广西	10646	18.6	3199	25.1	1006	13.8	2206	22.5	951	13.4
海南	3195	27.3	764	41.9	144	24.4	582	53.3	53	12.0
重庆	13195	20.0	2417	22.7	325	6.6	1489	27.7	385	32.7
四川	22514	15.5	7310	27.2	1300	14.4	5985	27.3	1624	31.5
贵州	6876	19.1	2644	26.6	379	8.6	2088	30.9	745	26.6
云南	12348	15.3	4193	16.3	685	8.7	3290	27.6	986	5.1
西藏	409	35.5	78	39.3	23	16.7	70	37.6	58	17.9
陕西	12097	18.3	2537	30.0	776	30.9	2060	28.1	1125	24.7
甘肃	5736	25.3	2067	25.5	736	24.1	1707	27.2	786	29.4
青海	2239	22.2	830	29.5	71	26.9	605	45.1	55	27.0
宁夏	2907	20.1	929	25.7	143	14.6	814	25.7	285	20.6
新疆	6603	26.7	3060	34.3	924	44.5	2697	35.0	555	46.9

表12　金融机构本外币涉农贷款余额时序统计表

单位：亿元

年份	2008	2009	2010	2011
涉农贷款	69124	91316	117658	146016
一、按用途分类				
（一）农林牧渔业贷款	15559	19488	23045	24436
（二）农用物资和农副产品流通贷款	10829	11418	11830	12237
（三）农村基础设施建设贷款	8016	12085	15617	19286
（四）农产品加工贷款	4166	5177	6992	9374
（五）农业生产资料制造贷款	2268	2912	3901	4974
（六）农田基本建设贷款	639	1199	1536	1710
（七）农业科技贷款	176	309	340	319
（八）其他	27471	38728	54397	73681
二、按城乡地域分类				
（一）农村贷款	55569	74551	98017	121469
1. 农户贷款	15170	20134	26043	31023
2. 农村企业及各类组织贷款	40399	54416	71974	90446
（二）城市涉农贷款	13555	16765	19640	24547
三、按受贷主体分类				
（一）个人涉农贷款	15170	20134	26043	31649
（二）企业涉农贷款	47900	63663	83331	106939
其中：农村企业贷款	35662	48569	65559	85093
（三）非企业组织涉农贷款	6054	7519	8283	7428

注：由于存在贷款剥离、核销及金融机构会计账户调整等因素，不能以本表列示的实际贷款余额直接计算可比口径的同比增速。

（二）2011 年末农村合作金融机构涉农贷款统计表

表 13　农村商业银行本外币涉农贷款统计表

项　目	余额（亿元）	同比增长（%）
涉农贷款	10303	77.2
一、按用途分类		
（一）农林牧渔业贷款	1807	51.1
（二）农用物资和农副产品流通贷款	665	113.7
（三）农村基础设施建设贷款	1315	32.6
（四）农产品加工贷款	999	72.6
（五）农业生产资料制造贷款	873	60.6
（六）农田基本建设贷款	107	84.6
（七）农业科技贷款	84	52.0
（八）其他	4454	114.1
二、按城乡地域分类		
（一）农村贷款	7745	79.6
1. 农户贷款	3000	112.5
2. 农村企业及各类组织贷款	4745	63.6
（二）城市涉农贷款	2558	70.4
三、按受贷主体分类		
（一）个人涉农贷款	3048	115.8
（二）企业涉农贷款	6924	69.2
其中：农村企业贷款	4532	68.0
（三）非企业组织涉农贷款	332	7.3

表14 农村合作银行本外币涉农贷款统计表

项　目	余额（亿元）	同比增长（％）
涉农贷款	6207	−1.7
一、按用途分类		
（一）农林牧渔业贷款	1630	0.8
（二）农用物资和农副产品流通贷款	161	17.2
（三）农村基础设施建设贷款	179	−4.9
（四）农产品加工贷款	370	−19.7
（五）农业生产资料制造贷款	162	−16.5
（六）农田基本建设贷款	22	−6.7
（七）农业科技贷款	10	−45.9
（八）其他	3673	0.0
二、按城乡地域分类		
（一）农村贷款	5836	−2.2
1. 农户贷款	3366	2.7
2. 农村企业及各类组织贷款	2469	−8.1
（二）城市涉农贷款	371	6.6
三、按受贷主体分类		
（一）个人涉农贷款	3401	3.8
（二）企业涉农贷款	2602	−4.9
其中：农村企业贷款	2305	−5.5
（三）非企业组织涉农贷款	204	−32.0

表15 农村信用社本外币涉农贷款统计表

项　目	余额（亿元）	同比增长（％）
涉农贷款	29574	11.1
一、按用途分类		
（一）农林牧渔业贷款	14483	0.2
（二）农用物资和农副产品流通贷款	1101	8.5
（三）农村基础设施建设贷款	984	−0.3
（四）农产品加工贷款	1828	7.2
（五）农业生产资料制造贷款	1461	25.0
（六）农田基本建设贷款	343	−10.1
（七）农业科技贷款	41	−36.3
（八）其他	9333	36.4
二、按城乡地域分类		
（一）农村贷款	27590	11.0
1. 农户贷款	17078	9.0
2. 农村企业及各类组织贷款	10512	14.3
（二）城市涉农贷款	1984	13.1
三、按受贷主体分类		
（一）个人涉农贷款	17376	11.0
（二）企业涉农贷款	10415	16.6
其中：农村企业贷款	8898	19.5
（三）非企业组织涉农贷款	1783	−11.9

第二部分

县域法人金融机构考核

- ❖ 县域法人金融机构考核办法

- ❖ 2010—2011 年县域法人金融机构考核情况综述

一、县域法人金融机构考核办法

中国人民银行 中国银行业监督管理委员会关于印发《关于鼓励县域法人金融机构将新增存款一定比例用于当地贷款的考核办法（试行）》的通知

（银发〔2010〕262 号）

中国人民银行上海总部，各分行、营业管理部、省会（首府）城市中心支行、副省级城市中心支行；各省、自治区、直辖市银监局：

为了鼓励县域法人金融机构将新增存款主要用于当地贷款，加大县域信贷资金投入，进一步改善农村金融服务，人民银行会同银监会制定了《关于鼓励县域法人金融机构将新增存款一定比例用于当地贷款的考核办法（试行）》（以下简称《考核办法》，见附件1），现印发给你们，请遵照执行。

一、组织领导

人民银行和银监会共同组成部际考核审查小组（名单见附件2），由人民银行副行长杜金富和银监会副主席蒋定之共同担任组长，人民银行货币政策司、调查统计司、金融市场司、研究局和银监会农村合作金融机构监管部为部际考核审查小组成员单位。部际考核审查小组办公室设在人民银行调查统计司。人民银行调查统计司同时负责组织实施县域法人金融机构考核表编制工作。人民银行上海总部，各分行、营业管理部、省会（首府）城市中心支行（以下简称人民银行省级分支机构）要与各省（区、市）银监局共同组成省（区、市）考核审查小组，办公室设在人民银行省级分支机构，负责组织、协调本辖区内县域法人金融机构考核结果审查工作。

二、2010 年考核要求和程序

为了做好 2010 年县域法人金融机构考核工作，现对人民银行省级分支机构和各省（区、市）银监局提出以下要求，请认真贯彻执行。

（一）人民银行省级分支机构请于 2010 年 10 月 15 日前将省（区、市）考核审查小组情况和相关联络人上报部际考核审查小组。各省（区、市）考核审查小组请于 2010 年 11 月 15 日前单独上报符合考核范围的本辖区县域地区名单、县域法人金融机构名单以及 2009 年末和 2010 年 11 月 14 日的法定存款准备金率（格式见附件 3 和附件 4）。如果 2010 年 11 月 15 日至 12 月 31 日期间上述统计信息发生变化，要及时报告部际考核审查小组办公室，按要求重报。

（二）人民银行省级分支机构要加强对县域法人金融机构考核数据的管理，认真完成辖区内县域法人金融机构信息、数据和考核报表的核对工作，如遇问题及时向部际考核审查小组办公室反馈。人民银行省级分支机构在对部际考核审查小组办公室下发的本辖区考核表核对无误后，要进行签字确认，对本辖区内考核机构的数据全面性和正确性负责。

（三）在考核办法执行期间，人民银行各分支机构要加强对辖区内考核机构统计数据质量的管理，力保通过金融统计数据集中系统采集数据的正确性，部际考核审查小组将通过统计检查跟踪数据质量。

请人民银行上海总部、各分行、营业管理部、省会（首府）城市中心支行、副省级城市中心支行会同当地银监局将本通知转发至银监分局，人民银行地市中心支行、县（市）支行和有关县域法人金融机构。

附件：1. 关于鼓励县域法人金融机构将新增存款一定比例用于当地贷款的考核办法（试行）

2. 部际考核审查小组名单（略）

3. ××省（区、市）县域地区名单（略）

4. 省（区、市）县域法人金融机构名单及法定存款准备金率情况（略）

二〇一〇年九月十日

附件1

关于鼓励县域法人金融机构将新增存款
一定比例用于当地贷款的考核办法（试行）

第一章　总　则

第一条　为鼓励县域法人金融机构将新增存款主要用于当地发放贷款，促进县域信贷资金投入，进一步改善农村金融服务，特制定本办法。

第二条　本办法所称"县域法人金融机构"，特指法人在县域的存款类金融机构。本办法对县域法人金融机构总行（社）进行整体考核。有关部门对考核达标的县域法人金融机构实施具有正向激励特征的货币政策和监管政策。

第三条　本办法对各县域法人金融机构分别考核，考核期起止时间为每年1月1日至12月31日。考核以县为单位进行，包括县（旗）、县级市、自治县（旗）等行政单位，不含市辖的区。

第四条　本办法适用范围为中部地区的山西、安徽、江西、河南、湖北和湖南，西部地区的内蒙古、广西、重庆、四川、贵州、云南、陕西、甘肃、青海、宁夏和新疆，东北部地区的辽宁、吉林和黑龙江等20个省（区、市）全部辖区，以及东部地区的国家扶贫开发工作重点县和省级扶贫开发工作重点县。

第二章　考核标准

第五条　县域法人金融机构中可贷资金与当地贷款同时增加且年度新增当地贷款占年度新增可贷资金比例大于70%（含）的，或可贷资金减少而当地贷款增加的，考核为达标县域法人金融机构。

第六条　年度新增可贷资金是年度新增存款扣减年度应缴法定存款准备金变动额，再按75%的存贷比减算后，所能用于发放贷款的最高资金额度。

第七条　年度新增存款的计算方法为当年月度各项存款平均余额减去上年月度各项存款平均余额。

月度各项存款平均余额由月末各项存款余额以时期平均数方法计算，即

$\bar{X} = \frac{1}{12} \times (\frac{1}{2}X_0 + X_1 + \cdots + X_{11} + \frac{1}{2}X_{12})$，其中 $\bar{X}$ 表示月度各项存款平均余额，

X_0 表示上年 12 月 31 日各项存款余额，$X_1 \cdots X_{12}$ 分别表示本年 1 ~ 12 月月末各项存款余额。

第八条　年度应缴法定存款准备金变动额的计算方法为当年月度应缴法定存款准备金平均余额减去上年月度应缴法定存款准备金平均余额。月度应缴法定存款准备金平均余额由月末应缴法定存款准备金余额以时期平均数方法计算（同"第七条"）。

第九条　县域法人金融机构"当地贷款"指贷放给县域各类经济主体并使用于当地的贷款；县域指县和县以下区域，含县城区域。

第十条　年度新增当地贷款是指本年当地贷款月度平均余额与上年当地贷款月度平均余额的差额。

当地贷款月度平均余额由当地贷款月末平均余额以时期平均数方法计算（同"第七条"）。

第十一条　本章第七条、第八条、第十条的算法，适用于对 2011 年及以后情况的年度考核。作为过渡，在对 2010 年情况进行考核时，采用如下算法：

年度新增存款、年度新增当地贷款分别为当年年末各项存款余额、当地贷款余额减去上年年末各项存款余额、当地贷款余额。

年度应缴法定存款准备金变动额是当年年末应缴法定存款准备金余额扣减上年年末应缴法定存款准备金余额。

第十二条　本办法所称存款、贷款均为人民币存款、人民币贷款；贷款包括扣除转贴现后的各项贷款。

第三章　激励政策

第十三条　达标县域法人金融机构，存款准备金率按低于同类金融机构正常标准 1 个百分点执行。达标且财务健康的县域法人金融机构，可按其新增贷款的一定比例申请再贷款，并享受优惠利率。

第十四条　达标县域法人金融机构，监管部门优先批准其新设分支机构和开办新业务的申请。

第十五条　鼓励地方政府根据本地区特点和自身能力，在法律法规允许的范围内对达标县域法人金融机构实施适当的激励政策。

第四章　考核管理

第十六条　考核每年实施一次，第一季度完成对上年考核。

第十七条　考核数据采集

人民银行根据全科目统计系统按月采集考核数据，测算并制定各机构考核表。

第十八条　考核结果审查单位

（一）成立由人民银行和银监会共同组成的部际考核审查小组，办公室设在人民银行。

（二）成立由人民银行省级分支机构（上海总部，各分行、营业管理部、省会城市中心支行）、省（区、市）银监局共同组成的省（区、市）考核审查小组，办公室设在人民银行省级分支机构。

第十九条　部际考核审查小组办公室每年2月15日前将上年县域法人金融机构考核结果提交给银监会，并抄送各省（区、市）考核审查小组办公室。

第二十条　各省（区、市）考核审查小组办公室收到考核结果后，在5个工作日内将考核结果送达各县域法人金融机构。

第二十一条　考核审查程序

（一）各县域法人金融机构收到考核结果后，如有异议，可在5个工作日内将申诉意见通过当地人民银行县（市）支行反馈给省（区、市）考核审查小组办公室。

（二）省（区、市）考核审查小组对考核结果的申诉意见进行审查，并出具相应意见，于3月10日前将审查意见报送部际考核审查小组办公室。

（三）部际考核审查小组于3月25日前对各省（区、市）考核审查小组的审查意见进行审查，并提出最终意见。

第二十二条　考核结果执行

（一）人民银行和银监会公布并实施达标机构在货币、监管方面享受的优惠政策；对上年达标而本年未达标的机构，取消上年享受的优惠政策。

（二）优惠政策的实施期限为每年4月1日至次年3月31日。

第五章　附　则

第二十三条　本办法由人民银行和银监会负责解释。

第二十四条　本办法自发布之日起实施。

中国人民银行、中国银行业监督管理委员会有关负责人 就《关于鼓励县域法人金融机构将新增存款一定比例 用于当地贷款的考核办法（试行）》答记者问

1. 问：人民银行、银监会联合出台《考核办法》① **的背景是什么？有何意义？**

答：经过多年改革与发展，我国农村金融体制逐步完善，涉农金融机构支农力度不断增大，农村金融服务进一步改善。但由于农村经济和农村金融固有的高风险、高成本、低收益特征，以及我国经济和金融体制尚处于转型过程之中，农村金融仍是整个金融体系的薄弱环节，农村金融服务力度总体上仍然不足，农村地区资金外流的情况仍然存在。

党中央、国务院高度重视农村金融问题，2008 年 10 月，党的十七届三中全会通过的《中共中央关于推进农村改革发展若干重大问题的决定》，提出县域内银行业金融机构新吸收的存款，主要用于当地发放贷款。《中共中央　国务院关于 2009 年促进农业稳定发展农民持续增收若干意见》（中发〔2009〕1 号）则明确要求"抓紧制订鼓励县域内银行业金融机构新吸收的存款主要用于当地发放贷款的实施办法，建立独立考核机制"。

为进一步改善农村金融服务，促进金融机构加大支农力度，人民银行、银监会在以市场化原则推进农村金融机构改革、完善农村金融体系的同时，对鼓励县域金融机构将新增存款一定比例用于当地贷款有关问题，进行了认真的调查研究。在广泛征求各有关部门意见，并综合考虑国内外有关政策实践和我国农村金融改革整体情况的基础上，制定了《考核办法》。

《考核办法》包括考核和激励两个基本部分，《考核办法》的实施具有重要意义。一是《考核办法》的激励部分，将对考核达标的县域法人金融机构实施正向激励的政策，鼓励县域法人金融机构将新增存款主要用于当地发放贷款，这将促进县域信贷资金投入，进一步改善农村金融服务。二是《考核办法》的考核部分，将按照县域法人金融机构支持当地经济发展力度的大小，对其进行

---

① 《关于鼓励县域法人金融机构将新增存款一定比例用于当地贷款的考核办法（试行）》（以下简称《考核办法》，全书同）。

系统评价和分类，这不仅为现有优惠政策的实施提供了客观标准，也为其他政策措施的出台打下了良好基础。

2. 问：《考核办法》适用于哪些地区，哪些机构？

答：《考核办法》第一章第三条和第四条明确规定，《考核办法》适用范围为中部地区的山西、安徽、江西、河南、湖北和湖南，西部地区的内蒙古、广西、重庆、四川、贵州、云南、陕西、甘肃、青海、宁夏和新疆，东北部地区的辽宁、吉林和黑龙江等 20 个省、直辖市、自治区辖内全部县域〔包括县（旗）、县级市、自治县（旗）等行政单位，不含市辖的区〕，以及东部地区的国家扶贫开发工作重点县和省级扶贫开发工作重点县。据统计，这包括中西部和东北部地区 1300 多个县级行政区域，以及东部地区 100 多个省级扶贫开发工作重点县，全国共 1500 多个县级区域。

此外，《考核办法》第一章第二条明确规定，《考核办法》实施对象为分布在上述 1500 多个县级区域中的存款类法人金融机构，即法人在县域的存款类金融机构，这主要包括农村信用社、农村合作银行、农村商业银行和村镇银行等。《考核办法》将对县域法人金融机构总行（社）进行整体考核，并对考核达标的县域法人金融机构实施具有正向激励特征的货币政策和监管政策。

3. 问：能否解释一下《考核办法》的具体考核标准？

答：《考核办法》第二章第五条至第十二条明确了考核标准。其中第五条明确规定"县域法人金融机构中可贷资金与当地贷款同时增加且年度新增当地贷款占年度新增可贷资金比例大于 70%（含）的，或可贷资金减少而当地贷款增加的，考核为达标县域法人金融机构"。

第六条、第七条和第八条明确年度新增可贷资金的定义和计算方法，年度新增可贷资金是年度新增存款扣减年度应缴法定存款准备金变动额，再按 75% 的存贷比减算后，所能用于发放贷款的最高资金额度。

第九条和第十条明确了"当地贷款"和"年度新增当地贷款"的定义和计算方法，"当地贷款"指贷放给县域各类经济主体并使用于当地的贷款。

《考核办法》起草过程中，有关部门组织开展了多次摸底调研。调研结果表明，上述考核标准是适当的，既能在大多数地区树立达标机构榜样，同时也能有效鼓励其他金融机构加大当地贷款投放力度。

4. 问：《考核办法》的激励政策包括哪些内容？

答：首先，《考核办法》第三章第十三条明确了人民银行将对考核达标县域法人金融机构，在存款准备金和再贷款方面实施正向激励的货币政策，达标县域法人金融机构的存款准备金率按低于同类金融机构正常标准1个百分点执行，达标且财务健康的县域法人金融机构将可按其新增贷款一定比例申请再贷款，并享受优惠的再贷款利率。

其次，《考核办法》第三章第十四条明确规定，对于达标县域法人金融机构，监管部门将优先批准其新设分支机构和开办新业务的申请。

再次，人民银行和银监会做好考核并在按其自身职能实施鼓励政策的同时，也鼓励地方政府将有关政策与考核结果互相挂钩。《考核办法》第十五条指出，鼓励地方政府根据本地区特点和自身能力，在法律法规允许的范围内，对达标县域法人金融机构实施适当的激励政策。

最后，《考核办法》仅对考核达标县域法人金融机构实施正面激励政策，对未达标县域法人金融机构，不实施任何负面惩罚措施，不会对未达标金融机构造成任何不良影响。

5. 问：《考核办法》将如何实施？

答：《考核办法》第四章第十六条至第二十二条明确了考核管理制度。

一是考核时间。考核每年实施一次，第一季度完成对上年考核，考核期起止时间为每年1月1日至12月31日。

二是考核组织。人民银行通过金融统计数据集中系统采集数据，测算并制定各机构考核表。同时，在全国和省级两个层面成立考核审查单位，负责组织、协调考核审查工作——在全国层面，由人民银行和银监会共同组成部际考核审查小组，办公室设在人民银行；在省级层面，由人民银行省级分支机构（上海总部、各分行、营业管理部、省会城市中心支行）和省（区、市）银监局共同组成的省级考核审查小组，办公室设在人民银行省级分支机构。

三是考核程序。《考核办法》第十九条至第二十一条明确了考核及审查工作的程序和时间要求。部际考核审查小组办公室应于每年2月15日前完成对上年的初步考核，并将初步考核结果抄送各省级考核审查小组办公室；各省级考核审查小组办公室收到考核结果后，在5个工作日内将考核结果送达各县域法人金融机构；各县域法人金融机构收到考核结果后，如有异议，可在5个工作日内将申诉意见通过当地人民银行县（市）支行，反馈给省级考核审查小组办公室；省级考核审查小组对考核结果的申诉意见进行审查，出具相应意见，并应于 3 月 10 日前将审查意见报送部际考核审查小组办公室；部际考核审查小组于 3 月 25 日前对各省级考核审查小组的审查意见进行审查，并提出最终意见。

四是政策实施。考核完成后，人民银行和银监会将公布达标县域法人金融机构在货币、监管方面享受的优惠政策；同时，对上年达标而本年未达标的机构，将取消其上年享受的优惠政策。优惠政策的实施期限为每年 4 月 1 日至次年 3 月 31 日。

二、2010—2011 年县域法人金融机构考核情况综述

2010 年以来，县域法人金融机构考核工作稳步推进。县域考核办法科学公正、考核程序透明规范、数据客观可靠，考核成效明显。县域法人金融机构对县域经济的信贷支持力度加大，一定程度上带动了县域经济发展，获得了社会各方的充分肯定。

（一）县域法人金融机构考核工作开展和激励政策落实情况

1. 县域法人金融机构考核工作开展情况

为保证《考核办法》的科学实施，人民银行总行多次召开行长办公会商讨落实考核工作机制，与银监会共同组成部际考核审查小组，办公室设在人民银行调查统计司。调查统计司高度重视县域法人金融机构考核工作，针对考核工作涉及面广、持续时间长、任务繁重的实际情况，专门抽调人员开展工作，拟订了细致周密的县域法人金融机构考核工作方案，为考核工作的顺利开展奠定了坚实的基础。

在考核中，调查统计司多措并举，切实保证数据客观可靠、程序透明规范。经过认真研究论证，调查统计司科学设计编制了过渡期考核表和正式考核表，从金融统计数据集中系统提取近 2000 家机构的 30 期共 16 万余条数据，收集、整理近千家农村信用社各期资产置换和不良贷款核销数据，组织人民银行分支机构对近 2000 家机构考核数据进行核对、补录和签字确认；要求人民银行分支机构密切监测考核机构的存贷款数据波动，加强统计执法检查，保证数据准确完整；梳理总结省级考核审查小组反映的问题，并商部际考核小组成员单位后及时予以答复，并要求各地及时、准确地做好政策解释工作，确保考核政策顺畅传导和有效落实。

人民银行分支机构充分认识开展县域考核的重要意义，迅速成立由人民银行分支机构和银监局主要领导担任组长的省级考核审查小组，把县域考核纳入金融统计的重要工作，明确专人负责。考核之前，积极调查研究，做好县域法人金融机构考核的组织协调和政策宣传、解释工作；考核期间，加强基础管理，严格按照部际考核审查小组办公室的要求及时采集、上报各类信息数据，紧密

跟踪各类考核指标,多方审核,确保考核报表的完整、可靠;考核结束后,及时将考核结果转发至辖区考核范围内的各县域法人金融机构,并抄报当地政府和金融办,组织落实达标县域法人金融机构的奖励政策,积极引导各县域法人金融机构加大对县域经济的支持力度,得到各级政府部门的高度重视和赞扬,也在社会各界取得积极影响。

2. 2010—2011 年县域法人金融机构考核结果基本情况

根据《考核办法》规定的适用范围和考核标准,2010 年参与考核的县域法人金融机构共计 1662 家,其中达标机构 1302 家,占考核机构总数的 78.3%(见附表 1 和附表 2);2011 年参与考核的机构共计 1762 家,其中达标机构为 1418 家,占考核机构总数的 80.5%,达标机构占比较上年提高 2.2 个百分点(见附表 3 和附表 4)。总体来看,东部地区达标率高于中西部地区,经济发达地区达标率较高。2010 年县域考核,东部地区平均达标率为 87.5%,比中部地区和西部地区分别高 8.1 个和 12.5 个百分点;2011 年,东部地区平均达标率为89.2%,比中部地区和西部地区分别高 11.2 个和 9.6 个百分点。经济发达省份考核达标率较高,2011 年江苏、浙江、福建、重庆四个经济发达省市的考核达标率均达到 100%,山东、广西、安徽的考核达标率分别为 96.8%、96.4%、93%,也均超过 90%。

3. 激励政策的实施情况

根据《考核办法》"第三章 激励政策"中相关规定,达标县域法人金融机构,存款准备金率按低于同类金融机构正常标准 1 个百分点执行。达标且财务健康的县域法人金融机构,可按其新增贷款的一定比例申请再贷款,并享受优惠利率。监管部门优先批准达标县域法人金融机构新设分支机构和开办新业务的申请。同时鼓励地方政府根据本地区特点对达标县域法人金融机构实施适当的激励政策。

两年来,县域法人金融机构考核各项激励政策得到积极落实。从货币政策方面看,自 2011 年 4 月 1 日起,达标县域法人金融机构执行比同类金融机构正常标准低 1 个百分点的存款准备金率。其中,现行存款准备金年率比同类金融机构正常标准低 1 个百分点(含)以上的县域法人金融机构,继续执行现行的存款准备金率;为保证县域法人金融机构考核政策和票据兑付后续监测考核政策中的支农再贷款激励措施有效衔接,人民银行决定将两项考核政策合并执行。

对于两项考核同时达标的425个县（市）农村信用社和16个村镇银行，人民银行安排增加200亿元的支农再贷款。从监管政策看，虽然县域法人金融机构规模较小，开设分支机构和新办业务的意愿不强，但仍有一些县域法人金融机构在银监局支持下新设了分支机构和申请新业务，如公务卡业务、网上银行、承兑汇票等。2012年，人民银行下发《中国人民银行关于认真组织落实2011年县域法人金融机构新增存款一定比例用于当地贷款考核政策和农村信用社改革试点专项票据兑付后续监测考核政策激励约束措施的通知》（银发〔2012〕86号）文件，决定自2012年4月1日起，对考核达标的县域法人金融机构执行比同类金融机构正常标准低1个百分点的存款准备金率。其中，现行存款准备金率比同类金融机构正常标准低1个百分点（含）以上的县域法人金融机构，继续执行现行的存款准备金率。对县域法人机构考核和票据兑付后续监测考核均达标的536个县（市）农村信用社和78个村镇银行，人民银行安排增加300亿元的支农再贷款，达标县域法人金融机构可按涉农贷款增量的一定比例申请支农再贷款，利率执行现行支农再贷款利率水平。

（二）县域法人金融机构考核工作的积极影响

1. 各级政府对县域法人金融机构考核工作给予充分肯定和大力支持

各级政府高度重视县域法人金融机构考核工作，对已取得的成绩给予充分肯定和高度评价。他们认为考核政策科学合理、考核依据充分、考核结果客观公正，有利于促进地方法人金融机构加大对当地的信贷投放。福建省省委书记孙春兰对县域考核工作给予充分肯定，并批示："人民银行很支持我们，福州中心支行工作做得很好，要继续指导各市县利用好金融政策，发展经济社会事业。"广东省主管金融的副省长宋海高度评价县域考核工作，组织召开由省政府、人民银行、银监局及省农村信用联社共同参加的会议，研究县域法人金融机构考核有关情况。

地方政府积极出台相关政策措施对达标县域法人金融机构给予表彰奖励，引导县域法人金融机构支持"三农"发展。广西壮族自治区政府对考核结果进行批示，要求有关部门拿出相关意见。山东省临沂市费县、苍山县等地方政府出台与县域考核办法配套的考核奖励办法，进一步鼓励县域法人金融机构加大当地信贷投放，支持地方经济发展。

2. 县域法人金融机构考核激励政策效果显著

县域考核激励政策大大增加了考核机构的可贷资金。自2010年县域考核激励政策实施以来，达标县域法人金融机构存款准备金率按低于同类金融机构正常标准1个百分点执行，按其月度存款平均余额测算，两年来由此累计增加500多亿元可贷资金。在当前准备金率走高、实施稳健货币政策的环境中，存款准备金率的下调，为县域金融机构释放可用资金、增加盈利空间创造了条件。

增加支农再贷款额度也为有效缓解达标县域法人金融机构的资金缺口提供了另一条途径。例如，四川省2011年有48家金融机构获得新增支农再贷款25.71亿元，加上前期考核的再贷款存量，四川省共有支农再贷款总量207.71亿元，截至2011年6月底，全省再贷款余额97.31亿元，运用率46.84%，运用总量比年初增长8.91%。增加支农再贷款额度为农村信用社发展送来了一场"及时雨"，有效地解决了抵押担保难、风险分散补偿难而不敢放贷的情况，抑制了农村信贷资金外流等问题，起到了很好的政策激励效果。

在新设机构和业务方面，2010年全国考核达标的县域法人金融机构新设分支机构41家，2011年新分支机构21家；2011年全国考核达标的县域法人金融机构共开办新业务品种37个，比上年增加6个，涉及开办票据贴现、代理黄金、贷记卡等，创立土地承包经营权抵押贷款、宅基地使用权抵押贷款等创新贷款品种，极大地丰富了县域法人金融机构的资产负债业务，对更好地服务"三农"、助推地方经济发展发挥了积极作用。

在地方政府奖励方面，各地根据自身情况，均作出了不同反应，奖励的方式主要有：设立专项奖励资金、财政贴息、税费减免、拨付土地款、以土地置换不良资产、名誉奖励等。2010年，考核达标的县域法人金融机构共计得到地方政府直接资金奖励7000多万元。这对县域金融机构将存款进一步用于当地贷款起到了进一步的促进作用。

激励政策对县域法人考核机构引导效果显著。2010年县域考核结束后，县域法人金融机构主动适应考核，积极调整经营策略，加大对"三农"的扶持力度，如宁夏回族自治区平罗县联社大力推进农户贷款授信和富农卡的办理，向中小企业组合推出贷款、贴现、银行承兑汇票三款融资产品，为中小企业办理授信卡，同时加大县域内民生工程建设信贷扶持力度。

3. 中小企业和城乡居民看好考核政策前景

陕西、甘肃等省反映，考核办法的实施对中小企业是个福音，通过在存款准备金和再贷款方面实施正向激励的货币政策，鼓励县域法人金融机构将新增存款主要用于发放当地贷款，促进了县域信贷资金投入，特别是增加对县域中小企业的信贷发放，促进县域企业健康发展。个体经营者和城乡居民对考核办法的发布反响积极，认为县域法人金融机构认真贯彻执行此项政策，必将为县域经济发展提供更多、更好的金融产品，使个体户和城乡居民切实得到更多信贷资金支持。

4. 有利于人民银行分支机构更好地履行金融服务职能

在县域法人金融机构考核工作推广过程中，人民银行各分支机构都根据辖内实际情况，采取电话沟通、实地走访、开工作会等方式，将考核精神和考核办法传达至各县域法人金融机构，并且在机构信息确认、数据质量核实、不良贷款核销情况等环节上，反复与被考核机构沟通确认，从而使县级考核审查小组更直接地了解到县域法人金融机构的诉求，更深入地掌握了农村经济发展的要求，更全面地评价县域金融的生态环境，为人民银行更好地履行金融服务职能提供重要参考。

附表：1. 2010 年各地区县域法人金融机构考核情况表
　　　2. 2010 年县域法人金融机构考核达标机构名单
　　　3. 2011 年各地区县域法人金融机构考核情况表
　　　4. 2011 年县域法人金融机构考核达标机构名单

附表 1

2010 年各地区县域法人金融机构考核情况表

地区	机构总数 （家）	参与考核机构数 （家）	达标机构数 （家）	达标机构占比 （%）
东部地区	255	232	203	87.5
河北	55	53	48	90.6
辽宁	74	58	45	77.6
江苏	19	18	18	100.0
浙江	29	25	25	100.0
福建	20	20	19	95.0
山东	31	31	31	100.0
广东	16	16	11	68.8
海南	11	11	6	54.5
中部地区	656	630	499	79.2
山西	98	97	71	73.2
吉林	47	44	17	38.6
黑龙江	71	69	53	76.8
安徽	70	62	56	90.3
江西	84	80	60	75.0
河南	120	114	101	88.6
湖北	73	72	64	88.9
湖南	93	92	77	83.7
西部地区	819	800	600	75.0
内蒙古	92	88	68	77.3
广西	82	78	69	88.5
重庆	6	5	5	100.0
四川	142	141	110	78.0
贵州	81	79	68	86.1
云南	120	118	73	61.9
陕西	88	85	70	82.4
甘肃	75	75	55	73.3
宁夏	15	14	11	78.6
青海	30	30	15	50.0
新疆	88	87	56	64.4
合计	1730	1662	1302	78.3

附表2

2010 年县域法人金融机构考核达标机构名单

地区	机构名称	
河北	行唐县农村信用合作联社	怀安县农村信用合作联社
	赞皇县农村信用合作联社	万全县农村信用合作联社
	平山县农村信用合作联社	涿鹿县农村信用合作联社
	青龙满族自治县农村信用合作联社	赤城县农村信用合作联社
	大名县农村信用合作联社	崇礼县农村信用合作联社
	广平县农村信用合作联社	承德县农村信用合作联社
	馆陶县农村信用社合作联社	平泉县农村信用合作联社
	魏县农村信用合作联社	滦平县农村信用合作联社
	临城县农村信用合作联社	隆化县农村信用合作联社
	巨鹿县农村信用合作联社	丰宁满族自治县农村信用合作联社
	新河县农村信用合作联社	宽城满族自治县农村信用合作联社
	广宗县农村信用合作联社	围场满族蒙古族自治县农村信用合作联社
	威县农村信用合作联社	东光县农村信用合作联社
	涞水县农村信用合作联社	海兴县农村信用合作联社
	阜平县农村信用合作联社	盐山县农村信用合作联社
	唐县农村信用合作联社	肃宁县农村信用合作联社
	涞源县农村信用合作联社	献县农村信用合作联社
	顺平县农村信用合作联社	孟村回族自治县农村信用合作联社
	张北县农村信用合作联社	武邑县农村信用合作联社
	康保县农村信用合作联社	武强县农村信用合作联社
	沽源县农村信用合作联社	饶阳县农村信用合作联社
	尚义县农村信用合作联社	阜城县农村信用合作联社
	蔚县农村信用合作联社	河北南皮农村合作银行
	阳原县农村信用合作联社	张北信达村镇银行股份有限公司

续表

地区	机构名称	
辽宁	辽中县农村信用合作联社	灯塔市农村信用合作联社
	康平县农村信用合作联社	大洼县农村信用合作联社
	法库县农村信用合作联社	盘山县农村信用合作联社
	新民市农村信用合作联社	西丰县农村信用合作联社
	普兰店市农村信用合作联社	昌图县农村信用合作联社
	瓦房店市农村信用合作联社	开原市农村信用合作联社
	庄河市农村信用合作联社	建平县农村信用合作联社
	台安县农信社	喀左县农村信用合作联社
	岫岩县农信社	北票市农村信用合作联社
	海城市农信社	凌源市农村信用合作联社
	新宾满族自治县农村信用合作联社	绥中县农村信用合作联社
	清原满族自治县农村信用合作联社	建昌县农村信用合作联社
	本溪满族自治县农村信用合作联社	兴城市农村信用合作联社
	桓仁满族自治县农村信用合作联社	瓦房店长兴村镇银行
	宽甸满族自治县农村信用合作联社	庄河汇通村镇银行
	东港市农村信用合作联社	大石桥隆丰村镇银行股份有限公司
	黑山县农村信用合作联社	辽宁凤城农村商业银行股份有限公司
	凌海市农村信用合作联社	朝阳县农村信用合作联社
	北镇市农村信用合作联社	抚顺县农村信用合作联社
	盖州市农村信用合作联社	铁岭县农村信用合作联社
	大石桥市农村信用合作联社	西丰县人民农村信用合作社
	阜新蒙古族自治县农村信用合作联社	铁岭新星村镇银行
	彰武县农村信用合作联社	
江苏	丰县农村信用合作联社	涟水农村合作银行
	东海县农村信用合作联社	沭阳农村合作银行
	灌南县农村信用合作联社	泗阳农村合作银行
	洪泽县农村信用合作联社	盱眙农村合作银行
	响水县农村信用合作联社	泗洪农村合作银行
	滨海县农村信用合作联社	阜宁农村合作银行
	江苏射阳农村商业银行	江苏睢宁农村合作银行
	赣榆农村商业银行	江苏东海张农村镇银行
	灌云农村合作银行	沭阳东吴村镇银行

地区	机构名称	
浙江	淳安县农村信用合作联社	松阳县农村信用合作联社
	平阳县农村信用合作联社	云和县农村信用合作联社
	文成县农村信用合作联社	庆元县农村信用合作联社
	泰顺县农村信用合作联社	景宁畲族自治县农村信用合作联社
	磐安县农村信用合作联社	龙泉市农村信用合作联社
	常山县农村信用合作联社	浙江江山农村合作银行
	开化县农村信用合作联社	浙江天台农村合作银行
	龙游县农村信用合作联社	浙江苍南农村合作银行
	仙居县农村信用合作联社	浙江永嘉农村合作银行
	三门县农村信用合作联社	浙江永嘉恒升村镇银行股份有限公司
	青田县农村信用合作联社	浙江苍南建信村镇银行股份有限公司
	缙云县农村信用合作联社	浙江武义农村合作银行
	遂昌县农村信用合作联社	
福建	永泰县农村信用合作联社	政和县农村信用合作联社
	仙游县农村信用合作联社	长汀县农村信用合作联社
	宁化县农村信用合作联社	武平县农村信用合作联社
	大田县农村信用合作联社	连城县农村信用合作联社
	建宁县农村信用合作联社	屏南县农村信用合作联社
	安溪县农村信用合作联社	寿宁县农村信用合作联社
	平和县农村信用合作联社	周宁县农村信用合作联社
	华安县农村信用合作联社	柘荣县农村信用合作联社股份有限公司
	光泽县农村信用合作联社	上杭农村商业银行股份有限公司
	松溪县农村信用合作联社	
山东	商河县农村信用合作联社	惠民县农村信用合作联社
	沂源县农村信用合作联社	阳信县农村信用合作联社
	临朐县农村信用合作联社	无棣县农村信用合作联社
	微山县农村信用合作联社	沾化县农村信用合作联社
	泗水县农村信用合作联社	单县农村信用合作联社
	梁山县农村信用合作联社	成武县农村信用合作联社
	沂南县农村信用合作联社	巨野县农村信用合作联社
	沂水县农村信用合作联社	郓城县农村信用合作联社

续表

地区	机构名称	
山东	苍山县农村信用合作联社	鄄城县农村信用合作联社
	平邑县农村信用合作联社	东明县农村信用合作联社
	蒙阴县农村信用合作联社	莒南县农村信用合作联社
	临沭县农村信用合作联社	山东东平农村合作银行
	庆云县农村信用合作联社	山东博兴农村合作银行
	夏津县农村信用合作联社	山东费县农村合作银行
	莘县农村信用社合作联社	冠县农村信用社合作联社（润昌农商行）
	东阿县农村信用社合作联社	
广东	大埔县农村信用合作联社	东源县农村信用合作联社
	五华县农村信用合作联社	阳山县农村信用合作联社
	陆河县农村信用合作联社	连山壮族瑶族自治县农村信用合作联社
	龙川县农村信用合作联社	清新县农村信用合作联社
	连平县农村信用合作联社	揭西县农村信用合作联社
	和平县农村信用合作联社	
海南	东方市农村信用联社	昌江县农村信用联社
	定安县农村信用联社	乐东县农村信用联社
	临高县农村信用联社	保亭县农村信用联社
山西	清徐县农村信用合作联社	介休市农村信用合作联社
	阳曲县农村信用合作联社	临猗县农村信用合作联社
	古交市农村信用合作联社	闻喜县农村信用合作联社
	阳高县农村信用合作联社	稷山县农村信用合作联社
	天镇县农村信用合作联社	新绛县农村信用合作联社
	广灵县农村信用合作联社	绛县农村信用合作联社
	浑源县农村信用合作联社	夏县农村信用合作联社
	左云县农村信用合作联社	平陆县农村信用合作联社
	大同县农村信用合作联社	芮城县农村信用合作联社
	平定县农村信用合作联社	定襄县农村信用合作联社
	盂县农村信用合作联社	五台县农村信用合作联社
	长治县农村信用合作联社	山西繁峙农村合作银行
	襄垣县农村信用合作联社	静乐县农村信用合作联社
	屯留县农村信用合作联社	神池县农村信用合作联社

续表

地区	机构名称	
山西	平顺县农村信用合作联社	河曲县农村信用合作联社
	黎城县农村信用合作联社	保德县农村信用合作联社
	壶关县农村信用合作联社	安泽县农村信用合作联社
	长子县农村信用合作联社	浮山县农村信用合作联社
	武乡县农村信用合作联社	吉县农村信用合作联社
	沁县农村信用合作联社	乡宁县农村信用合作联社
	沁源县农村信用合作联社	大宁县农村信用合作联社
	潞城市农村信用合作联社	侯马市农村信用合作联社
	阳城县农村信用合作联社	交城县农村信用合作联社
	陵川县农村信用合作联社	兴县农村信用合作联社
	高平市农村信用合作联社	临县农村信用合作联社
	山阴县联社农村信用社	柳林县农村信用合作联社
	应县农村信用合作联社	石楼农村信用合作联社
	榆社县农村信用合作联社	岚县农村信用合作联社
	左权县农村信用合作联社	交口农村信用合作联社
	和顺县农村信用合作联社	孝义市农村信用合作联社
	昔阳县农村信用合作联社	汾阳市农村信用合作联社
	寿阳县农村信用合作联社	山西河津农村合作银行
	太谷县农村信用合作联社	盂县汇民村镇银行
	祁县农村信用合作联社	陵川县太行村镇银行
	平遥县农村信用合作联社	泽州县农村信用合作联社
	灵石县农村信用合作联社	
吉林	桦甸市农村信用合作联社	集安市农村信用合作联社
	磐石市农村信用合作联社	珲春市农村信用合作联社
	伊通满族自治县农村信用合作联社	吉林九台农村商业银行
	双辽市农村信用合作联社	磐石融丰村镇银行股份有限公司
	东丰县农村信用合作联社	通化融达村镇银行股份有限公司
	通化县农村信用合作联社	前郭县阳光村镇银行股份有限公司
	辉南县农村信用合作联社	镇赉县国开村镇银行股份有限公司
	柳河县农村信用合作联社	敦化江南村镇银行股份有限公司
	梅河口市农村信用合作联社	

续表

地区	机构名称	
黑龙江	依兰县农村信用合作联社	林甸县农村信用合作联社
	方正县农村信用合作联社	杜蒙县农村信用合作联社
	宾县农村信用合作联社	铁力市农村信用合作联社
	巴彦县农村信用合作联社	桦南县农村信用合作联社
	木兰县农村信用合作联社	桦川县农村信用合作联社
	通河县农村信用合作联社	汤原县农村信用合作联社
	延寿县农村信用合作联社	同江市农村信用合作联社
	尚志市农村信用合作联社	勃利县农村信用合作联社
	五常市农村信用合作联社	林口县农村信用合作联社
	龙江县农村信用合作联社	绥芬河市农村信用合作联社
	依安县农村信用合作联社	海林市农村信用合作联社
	泰来县农村信用合作联社	宁安市农村信用合作联社
	富裕县农村信用合作联社	穆棱市农村信用合作联社
	克山县农村信用合作联社	逊克县农村信用合作联社
	克东县农村信用合作联社	望奎县农村信用合作联社
	拜泉县农村信用合作联社	兰西县农村信用合作联社
	讷河市农村信用合作联社	青冈县农村信用合作联社
	鸡东县农村信用合作联社	庆安县农村信用合作联社
	密山市农村信用合作联社	明水县农村信用合作联社
	萝北县农村信用合作联社	绥棱县农村信用合作联社
	绥滨县农村信用合作联社	安达市农村信用合作联社
	集贤县农村信用合作联社	呼玛县农村信用合作联社
	友谊县农村信用合作联社	虎林农村合作银行
	宝清县农村信用合作联社	巴彦融兴村镇银行有限责任公司
	饶河县农村信用合作联社	依安国民村镇银行有限责任公司
	肇州县农村信用合作联社	东宁远东村镇银行股份有限公司
	肇源县农村信用合作联社	

地区	机构名称	
安徽	南陵县农村信用合作联社	泾县农村信用合作联社
	凤台县农村信用合作联社	旌德县农村信用合作联社
	濉溪县农村信用联社	安徽霍山农村合作银行
	枞阳县农村信用合作联社	安徽青阳农村合作银行
	潜山县农村信用合作联社	安徽绩溪农村合作银行
	太湖县农村信用合作联社	安徽舒城农村合作银行
	望江县农村信用合作联社	安徽黟县农村合作银行
	歙县农村信用合作联社	安徽天长农村合作银行
	祁门农村信用合作联社	安徽怀远农村合作银行
	来安县农村信用合作联社	安徽广德农村合作银行
	安徽全椒农村合作银行	安徽桐城农村合作银行
	定远县农村信用合作联社	安徽休宁农村合作银行
	凤阳县农村信用合作联社	安徽肥东农村合作银行
	临泉县农村信用合作联社	安徽长丰农村合作银行
	太和县农村信用合作联社	铜陵皖江农村合作银行
	阜南县农村信用合作联社	安徽泗县农村合作银行
	界首市农村信用合作联社	安徽东至农村合作银行
	砀山县农村信用合作联社	安徽繁昌农村合作银行
	萧县农村信用合作联社	安徽宿松农村合作银行
	庐江县农村信用合作联社	安徽岳西农村合作银行
	安徽无为农村商业银行股份有限公司	安徽长丰县科源村镇银行
	含山县农村信用合作联社	安徽凤阳利民村镇银行有限责任公司
	寿县农村信用合作联社	安徽肥西农村商业银行股份有限公司
	霍邱县农村信用合作联社	安徽和县农村合作银行
	金寨县农村信用合作联社	安徽怀宁农村合作银行
	涡阳县农村信用合作联社	安徽郎溪农村合作银行
	利辛县农村信用合作联社	安徽明光农村合作银行
	石台县农村信用合作联社	安徽宁国农村合作银行

地区	机构名称	
江西	南昌县农村信用合作联社	宜丰县农村信用合作联社
	进贤县农村信用合作联社	靖安县农村信用合作联社
	武宁县农村信用合作联社	铜鼓县农村信用合作联社
	修水县农村信用合作联社	丰城市农村信用合作联社
	星子县农村信用合作联社	樟树市农村信用合作联社
	都昌县农村信用合作联社	高安市农村信用合作联社
	湖口县农村信用合作联社	南城县农村信用合作联社
	彭泽县农村信用合作联社	黎川县农村信用合作联社
	瑞昌市农村信用合作联社	南丰县农村信用合作联社
	余江县农村信用合作联社	崇仁县农村信用合作联社
	贵溪市农村信用合作联社	乐安县农村信用合作联社
	信丰县农村信用合作联社	宜黄县农村信用合作联社
	大余县农村信用合作联社	金溪县农村信用合作联社
	上犹县农村信用合作联社	资溪县农村信用合作联社
	安远县农村信用合作联社	广昌县农村信用合作联社
	龙南县农村信用合作联社	上饶县农村信用合作联社
	全南县农村信用合作联社	玉山县农村信用合作联社
	宁都县农村信用合作联社	铅山县农村信用合作联社
	于都县农村信用合作联社	弋阳县农村信用合作联社
	兴国县农村信用合作联社	婺源县农村信用合作联社
	石城县农村信用合作联社	安义县农村合作银行
	瑞金市农村信用合作联社	上饶市广丰县农村合作银行
	吉水县农村信用合作联社	吉安遂川县农村合作银行
	新干县农村信用合作联社	安福县农村合作银行
	泰和县农村信用合作联社	德安农村合作银行
	万安县农村信用合作联社	德兴市农村合作银行
	永新县农村信用合作联社	南康赣商村镇银行股份有限公司
	井冈山市农村信用合作联社	吉安县稠州村镇银行有限责任公司
	奉新县农村信用合作联社	芦溪县农村信用合作联社
	上高县农村信用合作联社	上栗县农村信用合作联社

续表

地区	机构名称	
河南	中牟农村信用社合作联社	临颍县农村信用合作联社
	巩义农村信用合作联社	渑池县农村信用合作联社
	荥阳市信用合作联社	陕县农村信用合作联社
	新密市农村信用合作社	卢氏县农村信用合作联社
	登封市农村信用合作联社	义马市农村信用合作联社
	通许县农村信用合作联社	灵宝市农村信用合作联社
	尉氏县农村信用合作联社	南召县农村信用合作联社
	开封县农村信用合作联社	方城县农村信用合作联社
	兰考县农村信用合作联社	西峡县农村信用合作联社
	孟津县农村信用合作联社	镇平县农村信用合作联社
	新安县农村信用合作联社	内乡县农村信用合作联社
	栾川县农村信用合作联社	淅川县农村信用合作联社
	嵩县农村信用合作联社	社旗县农村信用合作联社
	汝阳县农村信用合作联社	唐河县农村信用合作联社
	宜阳县农村信用合作联社	新野县农村信用合作联社
	洛宁县农村信用合作联社	桐柏县农村信用合作联社
	偃师市农村信用合作联社	邓州市农村信用合作联社
	宝丰县农村信用合作联社	宁陵县农村信用联社
	叶县农村信用合作联社	柘城县农村信用联社
	鲁山县农村信用合作联社	光山县农村信用合作联社
	郏县农村信用合作联社	商城县农村信用合作联社
	舞钢市农村信用合作联社	潢川县农村信用合作联社
	汝州市农村信用合作联社	淮滨县农村信用合作联社
	安阳县农村信用合作联社	息县农村信用合作联社
	汤阴县农村信用合作联社	扶沟县农村信用合作联社
	滑县信用合作联社	西华县农村信用合作联社
	内黄县农村信用社合作联社	商水县农村信用合作联社
	林州市农村信用合作联社	沈丘县农村信用合作联社
	新乡县农村信用合作联社	郸城县农村信用合作联社
	获嘉县农村信用合作联社	淮阳县农村信用合作联社
	原阳县农村信用合作联社	太康县农村信用合作联社

57

续表

地区	机构名称	
河南	延津县农村信用合作联社	鹿邑县农村信用合作联社
	长垣县农村信用合作联社	项城市农村信用合作联社
	卫辉市农村信用合作联社	西平县农村信用合作联社
	辉县市农村信用合作联社	上蔡县农村信用合作联社
	修武县农村信用合作联社	平舆县农村信用合作联社
	博爱县农村信用合作联社	正阳县农村信用合作联社
	温县农村信用合作联社	确山县农村信用合作联社
	沁阳市农村信用合作联社	泌阳县农村信用合作联社
	孟州市农村信用合作联社	汝南县农村信用合作联社
	清丰县农村信用合作联社	新蔡县农村信用合作联社
	南乐县农村信用合作联社	河南新县农村商业银行股份有限公司
	范县农村信用合作联社	河南罗山农村商业银行股份有限公司
	台前县农村信用合作联社	河南新郑农村合作银行
	濮阳县农村信用合作联社	河南固始农村合作银行
	许昌县农村信用合作联社	河南济源农村商业银行股份有限公司
	鄢陵县农村信用合作联社	巩义浦发村镇银行股份有限公司
	襄城县农村信用合作联社	河南栾川民丰村镇银行有限责任公司
	禹州市农村信用合作联社	郏县广天村镇银行股份有限公司
	长葛市农村信用合作联社	固始天骄村镇银行股份有限公司
	舞阳县农村信用合作联社	
湖北	阳新县农村信用合作联社	浠水县农村信用合作联社
	大冶市农村信用合作联社	蕲春县农村信用合作联社
	郧县农村信用合作联社	黄梅县农村信用合作联社
	郧西县农村信用合作联社	麻城市农村信用合作联社
	竹山县农村信用合作联社	武穴市农村信用合作联社
	竹溪县农村信用合作联社	嘉鱼县农村信用合作联社
	房县农村信用合作联社	通城县农村信用合作联社
	远安县农村信用合作联社	崇阳县农村信用合作联社
	兴山县农村信用合作联社	通山县农村信用合作联社
	秭归县农村信用合作联社	赤壁市农村信用合作联社
	长阳县农村信用合作联社	广水市农村信用合作联社

续表

地区	机构名称	
湖北	当阳市农村信用合作联社	恩施市农村信用合作联社
	枝江市农村信用合作联社	利川市农村信用合作联社
	南漳县农村信用合作联社	建始县农村信用合作联社
	谷城县农村信用合作联社	巴东县农村信用合作联社
	保康县农村信用合作联社	宣恩县农村信用合作联社
	老河口农村合作银行	来凤县农村信用合作联社
	枣阳市农村信用合作联社	鹤峰县农村信用合作联社
	宜城市农村信用合作联社	仙桃市农村信用联社
	京山县农村信用合作联社	潜江市农村信用联社
	沙洋县农村信用合作联社	天门市农村信用联社
	钟祥市农村信用合作联社	大冶国开村镇银行
	孝昌县农村信用联社	宜城市国开村镇银行
	大悟县农村信用联社	汉川市农银村镇银行
	云梦县农村信用联社	嘉鱼吴江村镇银行
	应城市农村信用联社	恩施常农商村镇银行
	汉川市农村信用联社	咸丰常农商村镇银行
	石首市农村信用联社	仙桃市村镇银行
	洪湖市农村信用联社	丹江口市农村信用合作联社
	团风县农村信用合作联社	武当山旅游经济特区农村信用合作联社
	红安县农村信用合作联社	咸丰县农村合作银行
	英山县农村信用合作联社	宜都市农村合作银行
湖南	宁乡农村信用合作联社	桂东县农村信用合作联社
	株洲县农村信用合作社联合社	安仁县农村信用合作联社
	攸县农村信用合作联社	资兴市农村信用合作联社
	茶陵县农村信用合作联社	祁阳县农村信用联社
	醴陵市农村信用合作联社	永州市东安县农村信用联社
	湘潭县农村信用联社	永州市双牌县农村信用联社
	湘乡市农村信用联社	永州市道县农村信用联社
	韶山市农村信用联社	永州市江永县农村信用联社
	衡阳县农村信用合作联社	永州市宁远县农村信用联社
	衡南县农村信用合作联社	永州市蓝山县农村信用联社

续表

地区	机构名称	
湖南	衡山县农村信用合作联社	永州市新田县农村信用联社
	衡东县农村信用合作联社	湖南省中方县农村信用合作联社
	祁东县农村信用合作联社	沅陵县农村信用合作联社
	耒阳市农村信用合作联社	辰溪县农村信用合作联社
	常宁市农村信用合作联社	溆浦县农村信用合作联社
	邵东县农村信用合作联社	芷江侗族自治县农村信用合作联社
	新宁县农村信用合作联社	靖州苗族侗族自治县农村信用合作联社
	武冈市农村信用合作联社	通道侗族自治县农村信用合作联社
	岳阳县农村信用合作联社	洪江市农村信用合作联社
	华容县农村信用合作联社	双峰县农村信用合作联社
	湘阴县农村信用合作联社	新化县农村信用合作联社
	平江县农村信用合作联社	冷水江市农村信用合作联社
	汨罗市农村信用合作联社	涟源市农村信用合作联社
	临湘市农村信用合作联社	泸溪县农村信用合作联社
	安乡县农村信用合作联社	凤凰县农村信用合作联社
	汉寿县农村信用合作联社	花垣县农村信用合作联社
	澧县农村信用合作联社	保靖县农村信用合作联社
	临澧县农村信用合作联社	古丈县农村信用合作联社
	桃源县农村信用合作联社	永顺县农村信用合作联社
	石门县农村信用合作联社	龙山县农村信用合作联社
	慈利县农村信用合作联社	吉首市农村信用合作联社
	桑植县农村信用合作联社	湘乡市村镇银行
	桃江县农村信用合作联社	桃江建信村镇银行股份有限公司
	安化县农村信用合作联社	祁阳村镇银行股份有限公司
	桂阳县农村信用合作联社	湖南炎陵农村商业银行
	宜章县农村信用合作联社	永州市江华农村商业银行
	永兴县农村信用合作联社	浏阳农村商业银行
	嘉禾县农村信用合作联社	资兴浦发村镇银行
	汝城县农村信用合作联社	

续表

地区	机构名称	
内蒙古	土默特左旗农村信用合作联社	兴和县农村信用合作联社
	和林格尔县农村信用合作联社	凉城县农村信用合作联社
	清水河县农村信用合作联社	察哈尔右翼前旗农村信用合作联社
	武川县农村信用合作联社	察哈尔右翼中旗农村信用合作联社
	土默特右旗农村信用合作联社	察哈尔右翼后旗农村信用合作联社
	固阳县农村信用合作联社	四子王旗农村信用合作联社
	达尔罕茂明安联合旗农村信用合作联社	丰镇市农村信用合作社
	阿鲁科尔沁旗农村信用合作联社	阿尔山市农村信用合作联社
	巴林左旗农村信用合作联社	科尔沁右翼前旗农村信用合作联社
	巴林右旗农村信用合作联社	科尔沁右翼中旗农村信用合作联社
	林西县农村信用合作联社	突泉县农村信用合作联社
	克什克腾旗农村信用合作联社	阿巴嘎旗农村信用合作联社
	翁牛特旗农村信用合作联社	苏尼特左旗农村信用合作联社
	喀喇沁旗农村信用合作联社	苏尼特右旗农村信用合作联社
	宁城县农村信用合作联社	东乌珠穆沁旗农村信用合作联社
	敖汉旗农村信用合作联社	西乌珠穆沁旗农村信用合作联社
	科尔沁左翼中旗农村信用合作联社	镶黄旗农村信用合作联社
	库伦旗农村信用合作联社	正镶白旗农村信用合作联社
	扎鲁特旗农村信用合作联社	正蓝旗农村信用合作联社
	达拉特旗农村信用合作联社	多伦县农村信用合作联社
	杭锦旗农村信用合作联社	阿拉善右旗农村信用合作联社
	乌审旗农村信用合作联社	额济纳旗农村信用合作联社
	鄂伦春自治旗阿里河农村信用合作社	乌兰浩特市农村信用合作联社
	鄂温克族自治旗农村信用合作联社	满洲里农村合作银行
	新巴尔虎左旗农村信用合作联社	阿拉善左旗农村合作银行
	新巴尔虎右旗农村信用合作联社	克什克腾农银村镇银行
	牙克石市农村信用合作联社	达拉特旗国开村镇银行
	五原县农村信用合作联社	鄂温克旗包商村镇银行有限责任公司
	磴口县农村信用合作联社	阿左旗方大村镇银行
	乌拉特前旗农村信用合作联社	二连浩特农村合作银行
	乌拉特中旗农村信用合作联社	内蒙古托克托农村合作银行
	乌拉特后旗农村信用合作联社	伊金霍洛旗农村信用合作联社
	杭锦后旗农村信用合作联社	准格尔旗煤田农村信用合作联社
	商都县农村信用合作联社	霍林郭勒市农村信用合作社

续表

地区	机构名称	
广西	武鸣县农村信用合作联社	都安瑶族自治县农村信用合作联社
	隆安县农村信用合作联社	忻城县农村信用合作联社
	马山县农村信用合作联社	武宣县农村信用合作联社
	上林县农村信用合作联社	金秀瑶族自治县农村信用合作联社
	宾阳县农村信用合作联社	合山市农村信用合作联社
	横县农村信用合作联社	扶绥县农村信用合作联社
	柳城县农村信用合作联社	宁明县农村信用合作联社
	融水苗族自治县农村信用合作联社	龙州县农村信用合作联社
	全州县农村信用合作联社	天等县农村信用合作联社
	苍梧县农村信用合作联社	凭祥市农村信用合作联社
	藤县农村信用合作联社	广西荔浦农村合作银行
	岑溪市农村信用合作联社	广西龙胜农村合作银行
	合浦县农村信用合作联社	广西兴安农村合作银行
	上思县农村信用合作联社	广西灌阳农村合作银行
	灵山县农村信用合作联社	广西平乐农村合作银行
	浦北县农村信用合作联社	广西资源农村合作银行
	平南县农村信用合作联社	广西临桂农村合作银行
	桂平市农村信用合作联社	广西阳朔农村合作银行
	容县农村信用合作联社	广西象州农村合作银行
	陆川县农村信用合作联社	广西柳江农村合作银行
	博白县农村信用合作联社	广西恭城农村合作银行
	兴业县农村信用合作联社	广西田东农村合作银行
	北流市农村信用合作联社	广西昭平农村合作银行
	田阳县农村信用合作联社	广西融安农村合作银行
	凌云县农村信用合作联社	广西永福农村合作银行
	田林县农村信用合作联社	广西鹿寨农村合作银行
	西林县农村信用合作联社	广西平果农村合作银行
	钟山县农村信用合作联社	广西大新农村合作银行
	富川瑶族自治县农村信用合作联社	广西宜州农村合作银行
	南丹县农村信用合作联社	广西柳江兴柳村镇银行股份有限公司
	凤山县农村信用合作联社	广西兴安民兴村镇银行股份有限公司
	东兰县农村信用合作联社	平果国民村镇银行有限责任公司
	罗城仫佬族自治县农村信用合作联社	广西灵川农村合作银行
	环江毛南族自治县农村信用合作联社	广西蒙山农村合作银行
	巴马瑶族自治县农村信用合作联社	

续表

地区	机构名称	
重庆	重庆大足汇丰村镇银行有限责任公司	丰都汇丰村镇银行
	重庆璧山工银村镇银行有限责任公司	开县泰业村镇银行
	梁平澳新村镇银行	
四川	富顺县农村信用合作联社	达县农村信用合作联社
	攀枝花市米易县农村信用合作联社	宣汉县农村信用合作联社
	攀枝花市盐边县农村信用合作联社	开江县农村信用合作联社
	泸县农村信用合作联社	大竹县农村信用合作联社
	合江县农村信用合作联社	渠县农村信用合作联社
	叙永县农村信用合作联社	万源市农村信用合作联社
	古蔺县农村信用合作联社	名山县农村信用合作联社
	中江县农村信用合作联社	荥经县农村信用合作联社
	罗江县农村信用合作联社	石棉县农村信用合作联社
	广汉市农村信用合作联社	天全县农村信用合作联社
	什邡市农村信用合作联社	芦山县农村信用合作联社
	绵竹市农村信用合作联社	宝兴县农村信用合作联社
	三台县农村信用合作联社	通江县农村信用合作联社
	安县农村信用合作联社	南江县农村信用合作联社
	梓潼县农村信用合作联社	平昌县农村信用合作联社
	北川羌族自治县农村信用合作联社	安岳县农村信用合作联社
	平武县农村信用合作联社	乐至县农村信用合作联社
	江油市农村信用合作联社	简阳市农村信用合作联社
	旺苍县农村信用合作联社	汶川县农村信用合作社联社
	青川县农村信用合作联社	理县农村信用合作社联社
	剑阁县农村信用合作联社	茂县农村信用合作社联社
	苍溪县农村信用合作联社	松潘县农村信用合作社联社
	蓬溪县农村信用合作联社	九寨沟县农村信用合用社联合社
	射洪县农村信用合作联社	金川县农村信用合作社联社
	大英县农村信用合作联社	黑水县农村信用合作联社
	威远县农村信用合作联社	马尔康县农村信用合作社联社
	隆昌县农村信用合作联社	壤塘县农村信用合作社联社
	犍为县农村信用合作联社	阿坝县农村信用合作社联社

续表

地区	机构名称	
四川	井研县农村信用合作联社	若尔盖县农村信用合作社联合社
	夹江县农村信用合作联社	红原县农村信用合作社联合社
	沐川县农村信用合作联社	泸定县农村信用合作社联合社
	峨边彝族自治县农村信用合作联社	雅江县农村信用合作社联合社
	马边彝族自治县农村信用合作联社	色达县农村信用合作社联合社
	峨眉山市农村信用合作联社	西昌市农村信用合作社联合社
	南部县农村信用合作联社	盐源县农村信用合作社联合社
	营山县农村信用合作联社	德昌县农村信用合作社联合社
	蓬安县农村信用合作联社	会理县农村信用合作社联合社
	仪陇县农村信用合作联社	会东县农村信用合作社联合社
	西充县农村信用合作联社	宁南县农村信用合作社联合社
	阆中市农村信用合作联社	普格县农村信用合作社联合社
	仁寿县农村信用合作联社	布拖县农村信用合作社联合社
	彭山县农村信用合作联社	金阳县农村信用合作社联合社
	洪雅县农村信用合作联社	冕宁县农村信用合作社联合社
	青神县农村信用合作联社	雷波县农村信用合作社联合社
	宜宾县农村信用合作联社	长宁竹海农村商业银行股份有限公司
	南溪县农村信用合作联社	双流诚民村镇银行有限责任公司
	江安县农村信用合作联社	大邑交银兴民村镇银行有限责任公司
	高县农村信用合作联社	彭州民生村镇银行有限责任公司
	珙县农村信用合作联社	邛崃国民村镇银行有限责任公司
	筠连县农村信用合作联社	什邡思源村镇银行有限责任公司
	兴文县农村信用合作联社	绵竹浦发村镇银行有限责任公司
	岳池县农村信用合作联社	四川北川羌族自治县富民村镇银行有限责任公司
	武胜县农村信用合作联社	四川仪陇惠民村镇银行有限责任公司
	邻水县农村信用合作联社	仁寿民富村镇银行有限责任公司
	华蓥市农村信用合作联社	宣汉诚民村镇银行有限责任公司

续表

地区	机构名称	
贵州	开阳县农村信用合作联社	安龙县农村信用合作联社
	息烽县农村信用社	毕节市农村信用合作联社
	修文县农村信用合作联社	黔西县农村信用合作联社
	清镇市农村信用合作联社	金沙县农村信用合作联社
	水城农村信用联社	织金县农村信用合作联社
	遵义县农村信用联社	纳雍县农村信用合作联社
	桐梓县农村信用联社	黄平县农村信用合作联社
	绥阳县农村信用联社	三穗县农村信用合作联社
	正安县农村信用联社	镇远县农村信用合作联社
	道真县农村信用联社	岑巩县农村信用合作联社
	务川县农村信用联社	天柱县农村信用合作联社
	凤冈县农村信用联社	锦屏县农村信用合作联社
	余庆县农村信用联社	台江县农村信用合作联社
	仁怀市农村信用联社	黎平县农村信用合作联社
	平坝县农村信用合作联社	榕江县农村信用合作联社
	普定县农村信用合作联社	从江县农村信用合作联社
	镇宁布依族苗族自治县农村信用合作联社	雷山县农村信用合作联社
	关岭布依族苗族自治县农村信用合作联社	麻江县农村信用合作联社
	铜仁市农村信用联社	丹寨县农村信用合作联社
	江口县农村信用联社	都匀市农村信用联社
	玉屏县农村信用联社	福泉市农村信用联社
	石阡县农村信用联社	荔波县农村信用联社
	思南县农村信用联社	贵定县农村信用联社
	印江县农村信用联社	瓮安县农村信用联社
	德江县农村信用联社	独山县农村信用联社
	沿河县农村信用联社	平塘县农村信用联社
	松桃县农村信用联社	罗甸县农村信用联社
	万山特区农村信用联社	长顺县农村信用联社
	兴仁县农村信用合作联社	龙里县农村信用联社
	普安县农村信用合作联社	惠水县农村信用联社
	晴隆县农村信用合作联社	三都县农村信用联社
	贞丰县农村信用合作联社	兴义农村合作银行
	望谟县农村信用合作联社	毕节地区发展村镇银行
	册亨县农村信用合作联社	龙里县国丰村镇银行

地区	机构名称	
云南	呈贡县农村信用合作社联社	西盟佤族自治县农村信用合作社联社
	晋宁县农村信用合作社联社	凤庆县农村信用合作社联社
	富民县农村信用合作社联社	云县农村信用合作社联社
	宜良县农村信用合作社联社	沧源佤族自治县农村信用合作社联社
	石林彝族自治县农村信用合作社联社	楚雄市农村信用合作社联社
	嵩明县农村信用合作社联社	双柏县农村信用合作社联社
	禄劝彝族苗族自治县农村信用合作社联社	牟定县农村信用合作社联社
	寻甸回族彝族自治县农村信用合作社联社	南华县农村信用合作社联社
	安宁市农村信用合作社联社	姚安县农村信用合作社联社
	马龙县农村信用合作社联社	大姚县农村信用合作社联社
	陆良县农村信用合作社联社	永仁县农村信用合作社联社
	师宗县农村信用合作社联社	元谋县农村信用合作社联社
	罗平县农村信用合作社联社	武定县农村信用合作社联社
	富源县农村信用合作社联社	禄丰县农村信用合作社联社
	会泽县农村信用合作社联社	个旧市农村信用合作社联社
	沾益县农村信用合作社联社	开远市农村信用合作社联社
	宣威市农村信用合作社联社	蒙自县农村信用合作社联社
	华宁县农村信用合作社联社	屏边苗族自治县农村信用合作社联社
	峨山彝族自治县农村信用合作社联社	建水县农村信用合作社联社
	元江哈尼族彝族傣族自治县农村信用合作社联社	弥勒县农村信用合作社联社
	施甸县农村信用合作社联社	泸西县农村信用合作社联社
	腾冲县农村信用合作社联社	河口瑶族自治县农村信用合作社联社
	龙陵县农村信用合作社联社	文山县农村信用合作社联社
	鲁甸县农村信用合作社联社	砚山县农村信用合作社联社
	大关县农村信用合作社联社	景洪市农村信用合作社联社
	永善县农村信用合作社联社	勐海县农村信用合作社联社
	威信县农村信用合作社联社	祥云县农村信用合作社联社
	水富县农村信用合作社联社	弥渡县农村信用合作社联社
	玉龙纳西族自治县农村信用合作社联社	南涧彝族自治县农村信用合作社联社
	永胜县农村信用合作社联社	永平县农村信用合作社联社
	华坪县农村信用合作社联社	鹤庆县农村信用合作社联社
	宁洱哈尼族彝族自治县农村信用合作社联社	兰坪白族普米族自治县农村信用合作社联社
	墨江哈尼族自治县农村信用合作社联社	香格里拉农村信用合作社联社
	景东彝族自治县农村信用合作社联社	德钦县农村信用合作社联社
	江城哈尼族彝族自治县农村信用合作社联社	大理市农村合作银行
	孟连傣族拉祜族佤族自治县农村信用合作社联社	文山民丰村镇银行
	澜沧拉祜族自治县农村信用合作社联社	

续表

地区	机构名称	
陕西	周至县农村信用合作联社	城固县农村信用合作联社
	宜君县农村信用合作联社	洋县农村信用合作联社
	凤翔县农村信用合作联社	勉县农村信用合作联社
	岐山县农村信用合作联社	宁强县农村信用合作联社
	眉县农村信用合作联社	略阳县农村信用合作联社
	千阳县农村信用合作联社	镇巴县农村信用合作联社
	麟游县农村信用合作联社	留坝县农村信用合作联社
	凤县农村信用合作联社	佛坪县农村信用合作联社
	太白县农村信用合作联社	定边县农村信用合作联社
	三原县农村信用合作社联合社	绥德县农村信用合作联社
	泾阳县农村信用合作社联合社	米脂县农村信用合作联社
	乾县农村信用合作联社	佳县农村信用合作联社
	礼泉县农村信用合作联社	吴堡县农村信用合作联社
	永寿县农村信用合作联社	清涧县农村信用合作联社
	长武县农村信用合作联社	子洲县农村信用合作联社
	旬邑县农村信用合作联社	汉阴县农村信用合作联社
	兴平市农村信用合作联社	紫阳县农村信用合作联社
	华县农村信用合作联社	岚皋县农村信用合作联社
	潼关县农村信用合作联社	平利县农村信用合作联社
	大荔县农村信用合作联社	旬阳县农村信用合作联社
	合阳县农村信用合作联社	白河县农村信用合作联社
	蒲城县农村信用合作联社	洛南县农村信用合作联社
	白水县农村信用合作联社	丹凤县农村信用合作联社
	富平县农村信用合作联社	商南县农村信用合作联社
	韩城市农村信用合作联社	山阳县农村信用合作联社
	华阴市农村信用合作联社	柞水县农村信用合作联社
	延川县农村信用合作联社	汉中西乡农村合作银行
	安塞县农村信用合作联社	陕西府谷农村合作银行
	志丹县农村信用合作联社	陕西镇安农村合作银行
	吴起县农村信用合作联社	岐山硕丰村镇银行
	富县农村信用合作联社	洛南阳光村镇银行
	洛川县农村信用合作联社	陕西陇县农村合作银行
	宜川县农村信用合作联社	陕西甘泉农村合作银行
	黄陵县农村信用合作联社	陕西靖边农村合作银行
	南郑县农村信用合作联社	陕西神木农村商业银行股份有限公司

67

续表

地区	机构名称	
甘肃	皋兰县农村信用合作联社	礼县农村信用合作联社
	金昌市永昌县农村信用合作联社	徽县农村信用合作联社
	靖远县农村信用合作联社	临夏市农村信用合作联社
	会宁县农村信用合作联社	临夏县农村信用合作联社
	秦安县农村信用合作联社	康乐县农村信用合作联社
	甘谷县农村信用合作联社	永靖县农村信用合作联社
	民勤县农村信用合作联社	广河县农村信用合作联社
	天祝藏族自治县农村信用合作联社	和政县农村信用合作联社
	肃南裕固族自治县农村信用联社	东乡族自治县农村信用合作联社
	山丹县农村信用合作联社	积石山保安族东乡族撒拉族自治县农村信用合作联社
	泾川县农村信用合作联社	合作市农村信用合作联社
	灵台县农村信用合作联社	临潭县农村信用合作联社
	崇信县农村信用合作联社	卓尼县农村信用合作联社
	华亭县农村信用合作联社	玛曲县农村信用合作联社
	庄浪县农村信用合作联社	碌曲县农村信用合作联社
	静宁县农村信用合作联社	安西县农村信用合作联社
	金塔县农村信用合作联社	甘肃陇西农村合作银行
	肃北蒙古族自治县农村信用联社	甘肃敦煌农村合作银行
	庆城县农村信用合作联社	甘肃临泽农村合作银行
	环县农村信用合作联社	西和县农村合作银行
	华池县农村信用合作联社	会宁会师村镇银行有限责任公司
	合水县农村信用合作联社	天水秦安众信村镇银行
	通渭县农村信用合作联社	民勤县民勤融信村镇银行
	漳县农村信用合作联社	平凉市泾川县汇通村镇银行股份有限公司
	岷县农村信用合作联社	平凉市静宁县成纪村镇银行股份有限公司
	文县农村信用合作联社	敦煌金盛村镇银行
	宕昌县农村信用合作联社	宁县农村合作银行
	康县农村信用合作联社	

续表

地区	机构名称	
宁夏	贺兰县农村信用合作联社	隆德县农村信用合作联社
	灵武市农村信用合作联社	泾源县农村信用合作联社
	盐池县农村信用合作联社	彭阳县农村信用合作联社
	同心县农村信用合作联社	中宁县农村信用合作联社
	青铜峡市农村信用合作联社	平罗沙湖村镇银行股份有限公司
	西吉县农村信用合作联社	
青海	大通回族土族自治县农村信用合作联社	门源回族自治县农村信用合作联社
	湟中县农村信用合作联社	刚察县农村信用合作联社
	湟源县农村信用合作联社	泽库县农村信用合作联社
	平安县农村信用合作联社	共和县农村信用合作联社
	乐都县农村信用合作联社	同德县农村信用合作联社
	互助土族自治县农村信用合作联社	贵德县农村信用合作联社
	化隆回族自治县农村信用合作联社	大通国开村镇银行有限责任公司
	循化撒拉族自治县农村信用合作联社	
新疆	乌鲁木齐县农村信用合作联社	洛浦县农村信用合作联社
	鄯善县农村信用合作联社	策勒县农村信用合作联社
	巴里坤哈萨克自治县农村信用合作联社	于田县农村信用合作联社
	伊吾县农村信用合作联社	民丰县农村信用合作联社
	昌吉市农村信用合作联社	伊宁市农村信用合作联社
	阜康市农村信用合作联社	伊宁县农村信用合作联社
	呼图壁县农村信用合作联社	察布查尔县农村信用合作联社
	玛纳斯县农村信用合作联社	巩留县农村信用合作联社
	奇台县农村信用合作联社	新源县农村信用合作联社
	吉木萨尔县农村信用合作联社	昭苏县农村信用合作联社
	木垒哈萨克自治县农村信用合作联社	特克斯县农村信用合作联社
	精河县农村信用合作联社	尼勒克县农村信用合作联社
	温泉县农村信用合作联社	乌苏市农村信用合作联社
	库尔勒市农村信用合作联社	额敏县农村信用合作联社
	焉耆回族自治县农村信用合作联社	沙湾县农村信用合作联社
	博湖县农村信用合作联社	托里县农村信用合作联社
	阿克苏市农村信用合作联社	裕民县农村信用合作联社

续表

地区	机构名称	
新疆	拜城县农村信用合作联社	和布克赛尔蒙古自治县农村信用合作联社
	乌什县农村信用合作联社	布尔津县农村信用合作联社
	阿图什市农村信用合作联社	富蕴县农村信用合作联社
	乌恰县农村信用合作联社	青河县农村信用合作联社
	疏附县农村信用合作联社	吉木乃县农村信用合作联社
	疏勒县农村信用合作联社	阿勒泰市农村信用合作联社
	泽普县农村信用合作联社	北屯农村信用合作联社
	莎车县农村信用合作联社	博乐市农村信用合作联社
	塔什库尔干县农村信用合作联社	库尔勒市城市商业银行
	和田县农村信用合作联社	哈密天山村镇银行
	皮山县农村信用合作联社	五家渠国民村镇银行有限责任公司

附表3

2011 年各地区县域法人金融机构考核情况表

地区	机构总数 （家）	参与考核机构数 （家）	达标机构数 （家）	达标机构占比 （％）
东部地区	280	260	233	89.6
河北	55	55	49	89.1
辽宁	82	77	66	85.7
江苏	23	21	21	100.0
浙江	38	29	29	100.0
福建	21	20	20	100.0
山东	34	31	30	96.8
广东	16	16	12	75.0
海南	11	11	6	54.5
中部地区	724	664	518	78.0
山西	109	103	86	83.5
吉林	50	46	23	50.0
黑龙江	74	74	44	59.5
安徽	82	71	66	93.0
江西	91	86	71	82.6
河南	133	119	96	80.7
湖北	85	73	65	89.0
湖南	100	92	67	72.8
西部地区	871	838	667	79.6
内蒙古	107	99	77	77.8
广西	94	84	81	96.4
重庆	8	8	8	100.0
四川	149	146	112	76.7
贵州	89	82	72	87.8
云南	121	121	86	71.1
陕西	90	90	75	83.3
甘肃	75	75	53	70.7
宁夏	17	15	10	66.7
青海	30	30	18	60.0
新疆	91	88	75	85.2
合计	1875	1762	1418	80.5

附表4

2011 年县域法人金融机构考核达标机构名单

地区	机构名称	
河北	行唐县农村信用合作联社	涿鹿县农村信用合作联社
	灵寿县农村信用合作联社	赤城县农村信用合作联社
	赞皇县农村信用合作联社	崇礼县农村信用合作联社
	平山县农村信用合作联社	承德县农村信用合作联社
	青龙满族自治县农村信用合作联社	平泉县农村信用合作联社
	大名县农村信用合作联社	滦平县农村信用合作联社
	涉县农村信用合作联社	隆化县农村信用合作联社
	广平县农村信用合作联社	丰宁满族自治县农村信用合作联社
	馆陶县农村信用合作联社	宽城满族自治县农村信用合作联社
	魏县农村信用合作联社	围场满族蒙古族自治县农村信用合作联社
	巨鹿县农村信用合作联社	东光县农村信用合作联社
	广宗县农村信用合作联社	海兴县农村信用合作联社
	平乡县农村信用合作联社	盐山县农村信用合作联社
	威县农村信用合作联社	肃宁县农村信用合作联社
	涞水县农村信用合作联社	献县农村信用合作联社
	阜平县农村信用合作联社	孟村回族自治县农村信用合作联社
	唐县农村信用合作联社	武邑县农村信用合作联社
	易县农村信用合作联社	武强县农村信用合作联社
	张北县农村信用合作联社	饶阳县农村信用合作联社
	沽源县农村信用合作联社	阜城县农村信用合作联社
	尚义县农村信用合作联社	张北信达村镇银行
	蔚县农村信用合作联社	蔚县银泰村镇银行
	阳原县农村信用合作联社	丰宁建信村镇银行
	怀安县农村信用合作联社	河北南皮农村合作银行
	万全县农村信用合作联社	

续表

地区	机构名称	
辽宁	北镇市农村信用合作联社	义县农村信用合作社联合社
	北票市农村信用合作联社	彰武县农村信用合作联社
	朝阳县农村信用合作联社	庄河市农村信用合作联社
	大石桥市农村信用合作联社	昌图县工商农村信用合作社
	大洼县农村信用合作联社	昌图县建设农村信用合作社
	灯塔市农村信用合作联社	昌图县农村信用合作社
	调兵山市农村信用合作联社	开原市农村信用合作联社
	东港市农村信用合作联社	西丰县农村信用合作联社
	法库县农村信用合作联社	西丰县人民农村信用合作社
	抚顺县农村信用合作联社	沈阳新民富民村镇银行
	阜蒙县农村信用合作联社	普兰店汇丰村镇银行
	盖州市农村信用合作联社	瓦房店长兴村镇银行
	海城市农村信用合作联社	庄河汇通村镇银行
	黑山县农村信用合作联社	本溪同盛村镇银行
	桓仁满族自治县农村信用合作联社	凌源天元村镇银行
	建昌县农村信用合作联社	辽宁义县祥和村镇银行股份有限公司
	建平县农村信用合作联社	朝阳柳城村镇银行
	喀左县农村信用合作联社	宽甸百丰村镇银行股份有限公司
	康平县农村信用合作联社	东港同合村镇银行
	宽甸满族自治县农村信用合作联社	凤城丰益村镇银行
	辽阳县农村信用合作联社	辽宁辰州汇通村镇银行
	辽中县农村信用合作联社	辽宁大石桥隆丰村镇银行
	凌海市农村信用合作联社	阜新农商村镇银行
	凌源市农村信用合作联社	彰武金通村镇银行
	盘山县农村信用合作联社	灯塔村镇银行
	普兰店市农村信用合作联社	大洼恒丰村镇银行
	清原满族自治县农村信用合作联社	盘山安泰村镇银行
	台安县农村信用合作联社	昌图民祥村镇银行
	铁岭县农村信用合作联社	调兵山惠民村镇银行股份有限公司
	瓦房店市农村信用合作联社	开原象牙山村镇银行
	新宾满族自治县农村信用合作联社	绥中长丰村镇银行
	兴城市农村信用合作联社	铁岭新星村镇银行
	岫岩满族自治县农村信用合作联社	辽宁凤城农村商业银行股份有限公司

续表

地区	机构名称	
江苏	丰县农村信用合作联社	江苏阜宁农村商业银行
	东海县农村信用合作联社	赣榆农村商业银行
	灌南县农村信用合作联社	灌云农村合作银行
	洪泽县农村信用合作联社	涟水农村合作银行
	响水县农村信用合作联社	沭阳农村合作银行
	滨海县农村信用合作联社	盱眙农村合作银行
	江苏东海张农商村镇银行	江苏泗洪农村合作银行
	江苏射阳太商村镇银行	江苏睢宁农村合作银行
	江苏沭阳东吴村镇银行	江苏泗阳农村商业银行
	江苏泗阳东吴村镇银行	江苏射阳农村商业银行
	江苏泗洪东吴村镇银行	
浙江	淳安县农村信用合作联社	庆元县农村信用合作联社
	平阳县农村信用合作联社	景宁畲族自治县农村信用合作联社
	文成县农村信用合作联社	龙泉市农村信用合作联社
	泰顺县农村信用合作联社	浙江永嘉恒升村镇银行股份有限公司
	磐安县农村信用合作联社	浙江苍南建信村镇银行股份有限公司
	常山县农村信用合作联社	浙江武义建信村镇银行有限责任公司
	开化县农村信用合作联社	浙江龙游义商村镇银行有限责任公司
	龙游县农村信用合作联社	浙江三门银座村镇银行有限责任公司
	仙居县农村信用合作联社	浙江青田建信华侨村镇银行有限责任公司
	三门县农村信用合作联社	浙江苍南农村合作银行
	青田县农村信用合作联社	浙江江山农村合作银行
	缙云县农村信用合作联社	浙江天台农村合作银行
	遂昌县农村信用合作联社	浙江永嘉农村合作银行
	松阳县农村信用合作联社	浙江武义农村合作银行
	云和县农村信用合作联社	
福建	永泰县农村信用合作联社	政和县农村信用合作联社
	仙游县农村信用合作联社	长汀县农村信用合作联社
	宁化县农村信用合作联社	武平县农村信用合作联社
	大田县农村信用合作联社	连城县农村信用合作联社
	建宁县农村信用合作联社	屏南县农村信用合作联社
	安溪县农村信用合作联社	寿宁县农村信用合作联社
	平和县农村信用合作联社	周宁县农村信用合作联社
	华安县农村信用合作联社	柘荣县农村信用合作联社股份有限公司
	光泽县农村信用合作联社	上杭农村商业银行股份有限公司
	松溪县农村信用合作联社	平潭县农村信用合作联社

续表

地区	机构名称	
山东	商河县农村信用合作联社	东阿县农村信用合作联社
	沂源县农村信用合作联社	惠民县农村信用合作联社
	临朐县农村信用合作联社	阳信县农村信用合作联社
	泗水县农村信用合作联社	沾化县农村信用合作联社
	梁山县农村信用合作联社	单县农村信用合作联社
	沂南县农村信用合作联社	成武县农村信用合作联社
	沂水县农村信用合作联社	巨野县农村信用合作联社
	苍山县农村信用合作联社	郓城县农村信用合作联社
	平邑县农村信用合作联社	鄄城县农村信用合作联社
	莒南县农村信用合作联社	东明县农村信用合作联社
	蒙阴县农村信用合作联社	山东博兴农村合作银行
	临沭县农村信用合作联社	山东东平农村合作银行
	庆云县农村信用合作联社	山东费县农村合作银行
	夏津县农村信用合作联社	山东聊城润昌农村商业银行
	莘县农村信用合作联社	山东无棣农村合作银行
广东	乳源瑶族自治县农村信用合作联社	连平县农村信用合作联社
	新丰县农村信用合作联社	东源县农村信用合作联社
	大埔县农村信用合作联社	阳山县农村信用合作联社
	丰顺县农村信用合作联社	连山壮族瑶族自治县农村信用合作联社
	陆河县农村信用合作联社	连南瑶族自治县农村信用合作联社
	龙川县农村信用合作联社	清新县农村信用合作联社
海南	东方市农村信用合作联社	临高县农村信用合作联社
	定安县农村信用合作联社	昌江黎族自治县农村信用合作联社
	屯昌县农村信用合作联社	乐东黎族自治县农村信用合作联社
山西	保德县农村信用合作联社	芮城县农村信用合作联社
	长治县农村信用合作联社	山阴县农村信用合作联社
	长子县农村信用合作联社	神池县农村信用合作联社
	大宁县农村信用合作联社	石楼县农村信用合作联社
	大同县农村信用合作联社	寿阳县农村信用合作联社
	定襄县农村信用合作联社	太谷县农村信用合作联社
	方山县农村信用合作联社	天镇县农村信用合作联社

续表

地区	机构名称	
山西	汾阳市农村信用合作联社	屯留县农村信用合作联社
	浮山县农村信用合作联社	万荣县农村信用合作联社
	高平市农村信用合作联社	文水县农村信用合作联社
	古交市农村信用合作联社	闻喜县农村信用合作联社
	古县农村信用合作联社	山西五台农村商业银行股份有限公司
	广灵县农村信用合作联社	五寨县农村信用合作联社
	和顺县农村信用合作联社	武乡县农村信用合作联社
	河曲县农村信用合作联社	昔阳县农村信用合作联社
	壶关县农村信用合作联社	夏县农村信用合作联社
	浑源县农村信用合作联社	乡宁县农村信用合作联社
	霍州市农村信用合作联社	襄垣县农村信用合作联社
	吉县农村信用合作联社	孝义市农村信用合作联社
	稷山县农村信用合作联社	新绛县农村信用合作联社
	绛县农村信用合作联社	兴县农村信用合作联社
	交城县农村信用合作联社	阳城县农村信用合作联社
	交口县农村信用合作联社	阳高县农村信用合作联社
	介休市农村信用合作联社	阳曲县农村信用合作联社
	静乐县农村信用合作联社	翼城县农村信用合作联社
	岢岚县农村信用合作联社	应县农村信用合作联社
	黎城县农村信用合作联社	永济市农村信用合作联社
	临县农村信用合作联社	盂县农村信用合作联社
	临猗县农村信用合作联社	榆社县农村信用合作联社
	灵丘县农村信用合作联社	垣曲县农村信用合作联社
	陵川县农村信用合作联社	泽州县农村信用合作联社
	柳林县农村信用合作联社	中阳县农村信用合作联社
	娄烦县农村信用合作联社	左权县农村信用合作联社
	潞城市农村信用合作联社	左云县农村信用合作联社
	偏关县农村信用合作联社	盂县汇民村镇银行
	平定县农村信用合作联社	泽州浦发村镇银行
	平陆县农村信用合作联社	吕梁孝义汇通村镇银行股份有限公司
	平遥县农村信用合作联社	兴县汇泽村镇银行有限责任公司

地区	机构名称	
山西	蒲县农村信用合作联社	晋中市左权华丰村镇银行股份有限公司
	祁县农村信用合作联社	汾西县汾河村镇银行
	沁县农村信用合作联社	汾西县亿通村镇银行
	沁源县农村信用合作联社	山西繁峙农村合作银行
	清徐县农村信用合作联社	山西河津农村合作银行
吉林	东辽县农村信用合作联社	伊通满族自治县农村信用合作联社
	和龙市农村信用合作联社	镇赉县农村信用合作联社
	珲春市农村信用合作联社	敦化江南村镇银行股份有限公司
	辉南县农村信用合作联社	九台龙嘉村镇银行股份有限公司
	靖宇县农村信用合作联社	梅河口民生村镇银行股份有限公司
	梅河口市农村信用合作联社	磐石吉银村镇银行股份有限公司
	磐石市农村信用合作联社	前郭县阳光村镇银行股份有限公司
	前郭县农村信用合作联社	通化融达村镇银行股份有限公司
	双辽市农村信用合作联社	镇赉国开村镇银行股份有限公司
	洮南市农村信用合作联社	吉林九台农村商业银行股份有限公司
	通化县农村信用合作联社	吉林舒兰农村商业银行股份有限公司
	通榆县农村信用合作联社	
黑龙江	拜泉县农村信用合作联社	庆安县农村信用合作联社
	宝清县农村信用合作联社	饶河县农村信用合作联社
	杜尔伯特蒙古族自治县农村信用合作联社	绥滨县农村信用合作联社
	抚远县农村信用合作联社	绥芬河市农村信用合作联社
	富锦市农村信用合作联社	绥棱县农村信用合作联社
	富裕县农村信用合作联社	孙吴县农村信用合作联社
	海伦市农村信用合作联社	泰来县农村信用合作联社
	桦川县农村信用合作联社	汤原县农村信用合作联社
	桦南县农村信用合作联社	通河县农村信用联社
	鸡东县农村信用合作联社	同江市农村信用合作联社
	集贤县农村信用合作联社	延寿县农村信用联社
	克东县农村信用合作联社	依兰县农村信用联社
	兰西县农村信用合作联社	友谊县农村信用合作联社
	龙江县农村信用合作联社	肇州县农村信用合作联社

续表

地区	机构名称	
黑龙江	萝北县农村信用合作联社	双城惠民村镇银行有限责任公司
	密山市农村信用合作联社	依安国民村镇银行有限责任公司
	明水县农村信用合作联社	克山润生村镇银行有限责任公司
	木兰县农村信用联社	集贤润生村镇银行有限责任公司
	穆棱市农村信用合作联社	杜尔伯特润生村镇银行有限责任公司
	讷河市农村信用合作联社	东宁润生村镇银行股份有限公司
	嫩江县农村信用合作联社	黑龙江东宁县农村商业银行股份有限公司
	宁安市农村信用合作联社	黑龙江虎林农村商业银行股份有限公司
安徽	砀山县农村信用合作联社	安徽铜陵铜源村镇银行
	定远县农村信用合作联社	安徽桐城江淮村镇银行股份有限公司
	凤台县农村信用合作联社	安徽凤阳利民村镇银行股份有限公司
	凤阳县农村信用合作联社	安徽舒城正兴村镇银行
	阜南县农村信用合作联社	安徽绩溪农银村镇银行
	固镇县农村信用合作联社	安徽肥西农村商业银行股份有限公司
	含山县农村信用合作联社	安徽霍山县农村合作银行
	霍邱县农村信用合作联社	安徽黟县农村合作银行
	界首市农村信用合作联社	安徽天长农村合作银行
	金寨县农村信用合作联社	安徽怀远农村合作银行
	泾县农村信用合作联社	安徽广德农村合作银行
	旌德县农村信用合作联社	安徽桐城农村合作银行
	利辛县农村信用合作联社	安徽休宁农村合作银行
	临泉县农村信用合作联社	安徽肥东农村合作银行
	灵璧县农村信用合作联社	安徽长丰农村合作银行
	庐江县农村信用合作联社	铜陵皖江农村合作银行
	蒙城县农村信用合作联社	安徽泗县农村合作银行
	南陵县农村信用合作联社	安徽东至农村合作银行
	祁门县农村信用合作联社	安徽繁昌农村合作银行
	潜山县农村信用合作联社	安徽宿松农村合作银行
	石台县农村信用合作联社	安徽岳西农村合作银行
	寿县农村信用合作联社	安徽怀宁农村合作银行
	濉溪县农村信用合作联社	安徽郎溪农村合作银行

地区	机构名称	
安徽	太和县农村信用合作联社	安徽和县农村合作银行
	太湖县农村信用合作联社	安徽宁国农村合作银行
	望江县农村信用合作联社	安徽明光农村合作银行
	涡阳县农村信用合作联社	安徽全椒农村合作银行
	萧县农村信用合作联社	安徽歙县农村商业银行股份有限公司
	颍上县农村信用合作联社	安徽无为农村商业银行
	安徽长丰科源村镇银行	安徽舒城农村合作银行
	安徽肥西石银村镇银行	安徽凤台通商村镇银行股份有限公司
	安徽繁昌建信村镇银行有限责任公司	安徽青阳农村合作银行
	安徽当涂新华村镇银行	安徽绩溪农村合作银行
江西	安远县农村信用合作联社	铜鼓县农村信用合作联社
	崇仁县农村信用合作联社	万安县农村信用合作联社
	崇义县农村信用合作联社	万年县农村信用合作联社
	大余县农村信用合作联社	武宁县农村信用合作联社
	定南县农村信用合作联社	婺源县农村信用合作联社
	东乡县农村信用合作联社	新建县农村信用合作联社
	都昌县农村信用合作联社	信丰县农村信用合作联社
	奉新县农村信用合作联社	星子县农村信用合作联社
	赣县农村信用合作联社	修水县农村信用合作联社
	高安市农村信用合作联社	宜丰县农村信用合作联社
	广昌县农村信用合作联社	宜黄县农村信用合作联社
	贵溪市农村信用合作联社	弋阳县农村信用合作联社
	横峰县农村信用合作联社	永新县农村信用合作联社
	湖口县农村信用合作联社	永修县农村信用合作联社
	吉水县农村信用合作联社	于都县农村信用合作联社
	金溪县农村信用合作联社	余干县农村信用合作联社
	进贤县农村信用合作联社	余江县农村信用合作联社
	井冈山市农村信用合作联社	玉山县农村信用合作联社
	靖安县农村信用合作联社	樟树市农村信用合作联社
	九江县农村信用合作联社	资溪县农村信用合作联社
	黎川县农村信用合作联社	南昌大丰村镇银行

续表

地区	机构名称	
江西	龙南县农村信用合作联社	九江共青村镇银行
	芦溪县农村信用合作联社	南康赣商村镇银行
	南昌县农村信用合作联社	吉安稠州村镇银行
	南城县农村信用合作联社	井冈山九银村镇银行
	南康市农村信用合作联社	丰城顺银村镇银行股份有限公司
	宁都县农村信用合作联社	广丰广信村镇银行
	彭泽县农村信用合作联社	万年县黄河村镇银行
	铅山县农村信用合作联社	江西安义农村合作银行
	全南县农村信用合作联社	江西广丰农村合作银行
	瑞昌市农村信用合作联社	江西遂川农村合作银行
	瑞金市农村信用合作联社	江西安福农村合作银行
	上高县农村信用合作联社	江西德安农村合作银行
	上饶县农村信用合作联社	江西德兴农村合作银行
	上犹县农村信用合作联社	江西南丰农村合作银行
	石城县农村信用合作联社	
河南	安阳县农村信用合作联社	武陟县农村信用合作联社
	宝丰县农村信用合作联社	舞钢市农村信用合作联社
	博爱县农村信用合作联社	舞阳县农村信用合作联社
	长葛市农村信用合作联社	西平县农村信用合作联社
	长垣县农村信用合作联社	西峡县农村信用合作联社
	登封市农村信用合作联社	息县农村信用合作联社
	邓州市农村信用合作联社	淅川县农村信用合作联社
	范县农村信用合作联社	襄城县农村信用合作联社
	方城县农村信用合作联社	项城市农村信用合作联社
	扶沟县农村信用合作联社	新安县农村信用合作联社
	巩义市农村信用合作联社	新蔡县农村信用合作联社
	光山县农村信用合作联社	新密市农村信用合作联社
	滑县农村信用合作联社	新野县农村信用合作联社
	淮滨县农村信用合作联社	许昌县农村信用合作联社
	淮阳县农村信用合作联社	偃师市农村信用合作联社
	潢川县农村信用合作联社	叶县农村信用合作联社

续表

地区	机构名称	
河南	郏县农村信用合作联社	宜阳县农村信用合作联社
	浚县农村信用合作联社	义马市农村信用合作联社
	开封县农村信用合作联社	荥阳市农村信用合作联社
	林州市农村信用合作联社	禹州市农村信用合作联社
	灵宝市农村信用合作联社	柘城县农村信用合作联社
	鲁山县农村信用合作联社	镇平县农村信用合作联社
	鹿邑县农村信用合作联社	正阳县农村信用合作联社
	栾川县农村信用合作联社	中牟县农村信用合作联社
	洛宁县农村信用合作联社	河南方城凤裕村镇银行
	孟津县农村信用合作联社	巩义浦发村镇银行
	泌阳县农村信用合作联社	固始天骄村镇银行
	内黄县农村信用合作联社	淮滨珠江村镇银行
	内乡县农村信用合作联社	潢川珠江村镇银行
	南乐县农村信用合作联社	郏县广天村镇银行
	南召县农村信用合作联社	河南栾川民丰村镇银行股份有限公司
	濮阳县农村信用合作联社	武陟射阳村镇银行股份有限公司
	沁阳市农村信用合作联社	西平财富村镇银行
	清丰县农村信用合作联社	新郑金谷村镇银行
	汝南县农村信用合作联社	中牟郑银村镇银行
	汝阳县农村信用合作联社	河南伊川农村商业银行股份有限公司
	汝州市农村信用合作联社	河南新县农村商业银行股份有限公司
	陕县农村信用合作联社	河南罗山农村商业银行股份有限公司
	商城县农村信用合作联社	河南辉县农村商业银行股份有限公司
	社旗县农村信用合作联社	河南孟州农村商业银行股份有限公司
	沈丘县农村信用合作联社	河南渑池农村商业银行股份有限公司
	嵩县农村信用合作联社	河南修武农村商业银行股份有限公司
	遂平县农村信用合作联社	河南卢氏农村商业银行股份有限公司
	太康县农村信用合作联社	河南台前农村商业银行股份有限公司
	唐河县农村信用合作联社	河南确山农村商业银行股份有限公司
	桐柏县农村信用合作联社	河南鄢陵农村商业银行股份有限公司
	尉氏县农村信用合作联社	河南新郑农村商业银行股份有限公司
	温县农村信用合作联社	河南固始农村合作银行

地区	机构名称	
	安陆市农村信用合作联社	应城市农村信用合作联社
	巴东县农村信用合作联社	郧西县农村信用合作联社
	长阳土家族自治县农村信用合作联社	郧县农村信用合作联社
	赤壁市农村信用合作联社	枣阳市农村信用合作联社
	崇阳县农村信用合作联社	枝江市农村信用合作联社
	当阳市农村信用合作联社	竹溪县农村信用合作联社
	恩施市农村信用合作联社	武当山旅游经济特区农村信用合作联社
	房县农村信用合作联社	大冶国开村镇银行
	谷城县农村信用合作联社	宜城国开村镇银行
	广水市农村信用合作联社	汉川农银村镇银行
	汉川市农村信用合作联社	嘉鱼吴江村镇银行
	鹤峰县农村信用合作联社	恩施常农商村镇银行
	洪湖市农村信用合作联社	咸丰常农商村镇银行
	黄梅县农村信用合作联社	仙桃北农商村镇银行
	嘉鱼县农村信用合作联社	天门汇丰村镇银行
	监利县农村信用合作联社	宜昌宜都农村合作银行
湖北	建始县农村信用合作联社	湖北公安农村合作银行
	京山县农村信用合作联社	恩施咸丰农村合作银行
	来凤县农村信用合作联社	老河口农村合作银行
	罗田县农村信用合作联社	五峰农村合作银行
	麻城市农村信用合作联社	兴山农村合作银行
	南漳县农村信用合作联社	黄冈英山农村合作银行
	蕲春县农村信用合作联社	远安农村合作银行
	沙洋县农村信用合作联社	丹江口农村合作银行
	通城县农村信用合作联社	湖北十堰竹山农村商业银行
	通山县农村信用合作联社	湖北秭归农村商业银行股份有限公司
	团风县农村信用合作联社	松滋农村商业银行股份有限公司
	武穴市农村信用合作联社	大冶农村商业银行股份有限公司
	浠水县农村信用合作联社	保康农村商业银行
	仙桃市农村信用合作联社	利川农村商业银行
	孝昌县农村信用合作联社	潜江农村商业银行
	阳新县农村信用合作联社	宣恩农村商业银行
	宜城市农村信用合作联社	

地区	机构名称	
湖南	安仁县农村信用合作联社	祁东县农村信用合作联社
	安乡县农村信用合作联社	祁阳县农村信用合作联社
	保靖县农村信用合作联社	桑植县农村信用合作联社
	茶陵县农村信用合作联社	韶山市农村信用合作联社
	道县农村信用合作联社	邵东县农村信用合作联社
	东安县农村信用合作联社	石门县农村信用合作联社
	凤凰县农村信用合作联社	双牌县农村信用合作联社
	古丈县农村信用合作联社	通道侗族自治县农村信用合作联社
	桂东县农村信用合作联社	武冈市农村信用合作联社
	桂阳县农村信用合作联社	湘潭县农村信用合作联社
	汉寿县农村信用合作联社	湘乡市农村信用合作联社
	衡东县农村信用合作联社	新化县农村信用合作联社
	衡南县农村信用合作联社	新宁县农村信用合作联社
	衡山县农村信用合作联社	新邵县农村信用合作联社
	衡阳县农村信用合作联社	新田县农村信用合作联社
	花垣县农村信用合作联社	溆浦县农村信用合作联社
	吉首市农村信用合作联社	永顺县农村信用合作联社
	嘉禾县农村信用合作联社	永兴县农村信用合作联社
	江永县农村信用合作联社	攸县农村信用合作联社
	津市市农村信用合作联社	岳阳县农村信用合作联社
	靖州苗族侗族自治县农村信用合作联社	芷江侗族自治县农村信用合作联社
	蓝山县农村信用合作联社	中方县农村信用合作联社
	冷水江市农村信用合作联社	株洲县农村信用合作联社
	澧县农村信用合作联社	资兴市农村信用合作联社
	醴陵市农村信用合作联社	湘乡市村镇银行
	涟源市农村信用合作联社	桃江建信村镇银行
	临澧县农村信用合作联社	祁阳村镇银行股份有限公司
	临湘市农村信用合作联社	湖南浏阳农村商业银行股份有限公司
	龙山县农村信用合作联社	湖南炎陵农村商业银行股份有限公司
	泸溪县农村信用合作联社	湖南江华县农村商业银行股份有限公司
	汨罗市农村信用合作联社	湖南洪江农村商业银行股份有限公司
	湖南宁乡农村商业银行股份有限公司	湖南星沙农村商业银行股份有限公司
	宁远县农村信用合作联社	湖南宜章农村商业银行股份有限公司
	平江县农村信用合作联社	

续表

地区	机构名称	
内蒙古	阿巴嘎旗农村信用合作联社	土默特右旗农村信用合作联社
	阿尔山市农村信用合作社	土默特左旗农村信用合作联社
	阿拉善右旗农村信用合作联社	乌拉特后旗农村信用合作联社
	阿鲁科尔沁旗农村信用合作联社	乌拉特前旗农村信用合作联社
	敖汉旗农村信用合作联社	乌拉特中旗农村信用合作联社
	巴林右旗农村信用合作联社	乌审旗农村信用合作联社
	巴林左旗农村信用合作联社	五原县农村信用合作联社
	察哈尔右翼后旗农村信用合作联社	武川县农村信用合作联社
	察哈尔右翼前旗农村信用合作联社	西乌珠穆沁旗农村信用合作联社
	察哈尔右翼中旗农村信用合作联社	镶黄旗农村信用合作联社
	陈巴尔虎旗农村信用合作联社	新巴尔虎右旗农村信用合作联社
	达尔罕茂明安联合旗农村信用合作联社	新巴尔虎左旗农村信用合作联社
	达拉特旗农村信用合作联社	兴和县农村信用合作联社
	磴口县农村信用合作联社	牙克石市农村信用合作联社
	东乌珠穆沁旗农村信用合作联社	扎赉特旗农村信用合作联社
	多伦县农村信用合作联社	扎鲁特旗农村信用合作联社
	额济纳旗农村信用合作联社	正蓝旗农村信用合作联社
	鄂伦春自治旗阿里河农村信用合作社	正镶白旗农村信用合作联社
	鄂托克旗农村信用合作联社	卓资县农村信用合作联社
	鄂托克前旗农村信用合作联社	内蒙古托克托立农村镇银行
	鄂温克族自治旗农村信用合作联社	土默特右旗蒙银村镇银行
	丰镇市农村信用合作联社	包商惠农村镇银行
	和林格尔县农村信用合作联社	克什克腾农银村镇银行
	化德县农村信用合作联社	宁城包商村镇银行
	霍林郭勒市农村信用合作社	达拉特国开村镇银行
	喀喇沁旗农村信用合作联社	鄂托克兴生源村镇银行
	科尔沁右翼前旗农村信用合作联社	乌审旗包商村镇银行
	科尔沁右翼中旗农村信用合作联社	伊金霍洛旗金谷村镇银行
	科尔沁左翼中旗农村信用合作联社	莫力达瓦达包商村镇银行有限责任公司
	克什克腾旗农村信用合作联社	鄂温克旗包商村镇银行有限责任公司
	凉城县农村信用合作联社	西乌珠穆沁旗包商惠丰村镇银行

续表

地区	机构名称	
内蒙古	林西县农村信用合作联社	太仆寺旗鑫源村镇银行
	宁城县农村信用合作联社	阿拉善左旗方大村镇银行
	清水河县农村信用合作联社	满洲里农村信用合作银行
	商都县农村信用合作联社	阿拉善左旗农村合作银行
	苏尼特右旗农村信用合作联社	二连浩特农村合作银行
	苏尼特左旗农村信用合作联社	内蒙古托克托农村合作银行
	太仆寺旗农村信用合作联社	锡林浩特农村合作银行
	突泉县农村信用合作联社	
广西	巴马瑶族自治县农村信用合作联社	西林县农村信用合作联社
	北流市农村信用合作联社	忻城县农村信用合作联社
	宾阳县农村信用合作联社	兴业县农村信用合作联社
	博白县农村信用合作联社	钟山县农村信用合作联社
	苍梧县农村信用合作联社	广西柳江兴柳村镇银行
	大化瑶族自治县农村信用合作联社	广西融水元宝山村镇银行股份有限公司
	德保县农村信用合作联社	广西兴安民兴村镇银行
	东兰县农村信用合作联社	广西藤县桂银村镇银行股份有限公司
	都安瑶族自治县农村信用合作联社	东兴国民村镇银行有限责任公司
	扶绥县农村信用合作联社	田阳兴阳村镇银行有限责任公司
	富川瑶族自治县农村信用合作联社	田东北部湾村镇银行有限责任公司
	桂平市农村信用合作联社	平果国民村镇银行有限责任公司
	合浦县农村信用合作联社	宜州深通村镇银行有限责任公司
	合山市农村信用合作联社	广西岑溪农村合作银行
	横县农村信用合作联社	广西凌云农村合作银行
	环江毛南族自治县农村信用合作联社	广西柳城农村合作银行
	金秀瑶族自治县农村信用合作联社	广西全州农村合作银行
	乐业县农村信用合作联社	广西田阳农村合作银行
	灵山县农村信用合作联社	广西融安农村商业银行股份有限公司
	龙州县农村信用合作联社	广西资源农村商业银行股份有限公司
	隆安县农村信用合作联社	广西荔浦农村合作银行
	陆川县农村信用合作联社	广西龙胜农村合作银行
	罗城仫佬族自治县农村信用合作联社	广西兴安农村合作银行

续表

地区	机构名称	
广西	马山县农村信用合作联社	广西灌阳农村合作银行
	那坡县农村信用合作联社	广西平乐农村合作银行
	南丹县农村信用合作联社	广西临桂农村合作银行
	宁明县农村信用合作联社	广西阳朔农村合作银行
	平南县农村信用合作联社	广西象州农村合作银行
	凭祥市农村信用合作联社	广西柳江农村合作银行
	浦北县农村信用合作联社	广西恭城农村合作银行
	容县农村信用合作联社	广西昭平农村合作银行
	融水苗族自治县农村信用合作联社	广西永福农村合作银行
	三江侗族自治县农村信用合作联社	广西鹿寨农村合作银行
	上林县农村信用合作联社	广西平果农村合作银行
	上思县农村信用合作联社	广西大新农村合作银行
	藤县农村信用合作联社	广西宜州农村合作银行
	天等县农村信用合作联社	广西灵川农村合作银行
	天峨县农村信用合作联社	广西蒙山农村商业银行股份有限公司
	田林县农村信用合作联社	广西田东农村商业银行股份有限公司
	武鸣县农村信用合作联社	灵山泰业村镇银行股份有限公司
	武宣县农村信用合作联社	
重庆	綦江民生村镇银行股份有限公司	梁平澳新村镇银行
	潼南民生村镇银行股份有限公司	重庆丰都汇丰村镇银行
	重庆荣昌汇丰村镇银行	重庆大足汇丰村镇银行有限责任公司
	重庆璧山工银村镇银行	开县泰业村镇银行
四川	阿坝县农村信用合作社联合社	南溪县农村信用合作联社
	安县农村信用合作联社	宁南县农村信用合作社联合社
	安岳县农村信用合作联社	彭山县农村信用合作联社
	宝兴县农村信用合作联社	蓬安县农村信用合作联社
	北川羌族自治县农村信用合作联社	蓬溪县农村信用合作联社
	苍溪县农村信用合作联社	平昌县农村信用合作联社
	达县农村信用合作联社	平武县农村信用合作联社
	大英县农村信用合作联社	青川县农村信用合作联社
	大竹县农村信用合作联社	青神县农村信用合作联社

地区	机构名称	
	稻城县农村信用合作社联合社	渠县农村信用合作联社
	德昌县农村信用合作社联合社	壤塘县农村信用合作联社
	峨边彝族自治县农村信用合作联社	仁寿县农村信用合作联社
	峨眉山市农村信用合作联社	荣县农村信用合作联社
	富顺县农村信用合作联社	若尔盖县农村信用合作社联合社
	珙县农村信用合作联社	三台县农村信用合作联社
	古蔺县农村信用合作联社	射洪县农村信用合作联社
	广汉市农村信用合作联社	什邡市农村信用合作联社
	汉源县农村信用合作联社	石棉县农村信用合作联社
	合江县农村信用合作联社	松潘县农村信用合作社联合社
	黑水县农村信用合作联社	天全县农村信用合作联社
	红原县农村信用合作社联合社	万源市农村信用合作联社
	洪雅县农村信用合作联社	旺苍县农村信用合作联社
	华蓥市农村信用合作联社	汶川县农村信用合作社联合社
	会东县农村信用合作社联合社	武胜县农村信用合作联社
四川	会理县农村信用合作社联合社	西昌市农村信用合作社联合社
	夹江县农村信用合作联社	西充县农村信用合作联社
	犍为县农村信用合作联社	乡城县农村信用合作社联合社
	简阳市农村信用合作联社	小金县农村信用合作社联合社
	剑阁县农村信用合作联社	兴文县农村信用合作联社
	江安县农村信用合作联社	叙永县农村信用合作联社
	江油市农村信用合作联社	宣汉县农村信用合作联社
	井研县农村信用合作联社	盐边县农村信用合作联社
	九龙县农村信用合作社联合社	盐亭县农村信用合作联社
	九寨沟县农村信用合作社联合社	盐源县农村信用合作社联合社
	筠连县农村信用合作联社	仪陇县农村信用合作联社
	阆中市农村信用合作联社	宜宾县农村信用合作联社
	乐至县农村信用合作联社	荥经县农村信用合作联社
	雷波县农村信用合作社联合社	营山县农村信用合作联社
	理县农村信用合作社联合社	岳池县农村信用合作联社
	邻水县农村信用合作联社	中江县农村信用合作联社

"三农"贷款与县域金融统计

续表

地区	机构名称	
四川	隆昌县农村信用合作联社	梓潼县农村信用合作联社
	芦山县农村信用合作联社	双流诚民村镇银行有限责任公司
	泸定县农村信用合作社联合社	大邑交银兴民村镇银行有限责任公司
	泸县农村信用合作联社	邛崃国民村镇银行有限责任公司
	炉霍县农村信用合作社联合社	泸县元通村镇银行有限责任公司
	罗江县农村信用合作联社	什邡思源村镇银行有限责任公司
	马边彝族自治县农村信用合作联社	四川北川羌族自治县富民村镇银行有限责任公司
	马尔康县农村信用合作社联合社	广元市包商贵民村镇银行有限责任公司
	茂县农村信用合作社联合社	绵竹浦发村镇银行有限责任公司
	米易县农村信用合作联社	四川仪陇惠民村镇银行有限责任公司
	绵竹市农村信用合作联社	宣汉诚民村镇银行有限责任公司
	冕宁县农村信用合作社联合社	乐山昆仑村镇银行有限责任公司
	名山县农村信用合作联社	金堂汇金村镇银行有限责任公司
	沐川县农村信用合作联社	宜宾兴宜村镇银行有限责任公司
	南部县农村信用合作联社	大竹县隆源村镇银行有限责任公司
	南江县农村信用合作联社	长宁竹海农村商业银行股份有限公司
贵州	开阳县农村信用合作联社	黔西县农村信用合作联社
	息烽县农村信用合作联社	金沙县农村信用合作联社
	修文县农村信用合作联社	织金县农村信用合作联社
	清镇市农村信用合作联社	纳雍县农村信用合作联社
	水城县农村信用合作联社	黄平县农村信用合作联社
	遵义县农村信用合作联社	三穗县农村信用合作联社
	桐梓县农村信用合作联社	镇远县农村信用合作联社
	绥阳县农村信用合作联社	岑巩县农村信用合作联社
	正安县农村信用合作联社	天柱县农村信用合作联社
	道真仡佬族苗族自治县农村信用合作联社	锦屏县农村信用合作联社
	务川仡佬族苗族自治县农村信用合作联社	剑河县农村信用合作联社
	凤冈县农村信用合作联社	台江县农村信用合作联社
	余庆县农村信用合作联社	黎平县农村信用合作联社
	习水县农村信用合作联社	榕江县农村信用合作联社

地区	机构名称	
贵州	仁怀市农村信用合作联社	从江县农村信用合作联社
	平坝县农村信用合作联社	雷山县农村信用合作联社
	普定县农村信用合作联社	丹寨县农村信用合作联社
	镇宁布依族苗族自治县农村信用合作联社	都匀市农村信用合作联社
	关岭布依族苗族自治县农村信用合作联社	福泉市农村信用合作联社
	铜仁市农村信用合作联社	荔波县农村信用合作联社
	江口县农村信用合作联社	贵定县农村信用合作联社
	玉屏侗族自治县农村信用合作联社	瓮安县农村信用合作联社
	石阡县农村信用合作联社	独山县农村信用合作联社
	思南县农村信用合作联社	平塘县农村信用合作联社
	印江土家族苗族自治县农村信用合作联社	罗甸县农村信用合作联社
	德江县农村信用合作联社	长顺县农村信用合作联社
	沿河土家族自治县农村信用合作联社	龙里县农村信用合作联社
	松桃苗族自治县农村信用合作联社	惠水县农村信用合作联社
	兴仁县农村信用合作联社	三都水族自治县农村信用合作联社
	普安县农村信用合作联社	六枝特区农村信用合作社
	晴隆县农村信用合作联社	平坝鼎立村镇银行
	贞丰县农村信用合作联社	毕节发展村镇银行
	册亨县农村信用合作联社	织金惠民村镇银行
	安龙县农村信用合作联社	龙里国丰村镇银行
	毕节市农村信用合作联社	遵义湄潭农村合作银行
	大方县农村信用合作联社	兴义区农村合作银行
云南	安宁市农村信用合作联社	墨江哈尼族自治县农村信用合作联社
	宾川县农村信用合作联社	牟定县农村信用合作联社
	沧源佤族自治县农村信用合作联社	南华县农村信用合作联社
	呈贡县农村信用合作联社	南涧彝族自治县农村信用合作联社
	楚雄市农村信用合作联社	宁洱哈尼族彝族自治县农村信用合作联社
	大关县农村信用合作联社	宁蒗彝族自治县农村信用合作联社
	大姚县农村信用合作联社	屏边县农村信用合作联社
	德钦县农村信用合作联社	师宗县农村信用合作联社
	峨山彝族自治县农村信用合作联社	施甸县农村信用合作联社

续表

地区	机构名称	
云南	凤庆县农村信用合作联社	石林彝族自治县农村信用合作联社
	福贡县农村信用合作联社	双柏县农村信用合作联社
	富民县农村信用合作联社	水富县农村信用合作联社
	富源县农村信用合作联社	嵩明县农村信用合作联社
	个旧市农村信用合作联社	通海县农村信用合作联社
	耿马傣族佤族自治县农村信用合作联社	巍山彝族回族自治县农村信用合作联社
	贡山独龙族怒族自治县农村信用合作社	维西傈僳族自治县农村信用合作联社
	河口瑶族自治县农村信用合作联社	文山县农村信用合作联社
	鹤庆县农村信用合作联社	西畴县农村信用合作联社
	华宁县农村信用合作联社	西盟佤族自治县农村信用合作联社
	华坪县农村信用合作联社	香格里拉县农村信用合作联社
	建水县农村信用合作联社	新平彝族傣族自治县农村信用合作联社
	江城哈尼族彝族自治县农村信用合作联社	宣威市农村信用合作联社
	江川县农村信用合作联社	寻甸回族彝族自治县农村信用合作联社
	晋宁县农村信用合作联社	盐津县农村信用合作联社
	景东彝族自治县农村信用合作联社	漾濞彝族自治县农村信用合作联社
	景谷傣族彝族自治县农村信用合作联社	姚安县农村信用合作联社
	开远市农村信用合作联社	宜良县农村信用合作联社
	兰坪白族普米族自治县农村信用合作联社	永德县农村信用合作联社
	澜沧拉祜族自治县农村信用合作联社	永平县农村信用合作联社
	梁河县农村信用合作联社	永仁县农村信用合作联社
	龙陵县农村信用合作联社	永胜县农村信用合作联社
	陇川县农村信用合作联社	玉龙纳西族自治县农村信用合作联社
	泸水县农村信用合作联社	元江哈尼族彝族傣族自治县农村信用合作联社
	鲁甸县农村信用合作联社	元谋县农村信用合作联社
	陆良县农村信用合作联社	云县农村信用合作联社
	禄丰县农村信用合作联社	沾益县农村信用合作联社
	禄劝彝族苗族自治县农村信用合作联社	镇康县农村信用合作联社
	麻栗坡县农村信用合作联社	镇沅彝族哈尼族拉祜族自治县农村信用合作联社
	勐海县农村信用合作联社	楚雄兴彝村镇银行
	蒙自县农村信用合作联社	禄丰龙城富滇村镇银行
	孟连傣族拉祜族佤族自治县农村信用合作联社	文山民丰村镇银行
	弥渡县农村信用合作联社	大理海东村镇银行
	弥勒县农村信用合作联社	大理市农村合作银行

地区	机构名称	
陕西	安塞县农村信用合作联社	山阳县农村信用合作联社
	白河县农村信用合作联社	商南县农村信用合作联社
	白水县农村信用合作联社	石泉县农村信用合作联社
	彬县农村信用合作联社	绥德县农村信用合作联社
	长武县农村信用合作联社	太白县农村信用合作联社
	城固县农村信用合作联社	潼关县农村信用合作联社
	澄城县农村信用合作联社	吴堡县农村信用合作联社
	淳化县农村信用合作联社	兴平市农村信用合作联社
	大荔县农村信用合作联社	旬阳县农村信用合作联社
	丹凤县农村信用合作联社	旬邑县农村信用合作联社
	凤县农村信用合作联社	延川县农村信用合作联社
	凤翔县农村信用合作联社	洋县农村信用合作联社
	佛坪县农村信用合作联社	宜君县农村信用合作联社
	富平县农村信用合作联社	永寿县农村信用合作联社
	高陵县农村信用合作联社	镇巴县农村信用合作联社
	汉阴县农村信用合作联社	周至县农村信用合作联社
	合阳县农村信用合作联社	子长县农村信用合作联社
	华县农村信用合作联社	子洲县农村信用合作联社
	华阴市农村信用合作联社	紫阳县农村信用合作联社
	黄陵县农村信用合作联社	柞水县农村信用合作联社
	佳县农村信用合作联社	岐山硕丰村镇银行
	泾阳县农村信用合作社联合社	陕西富平东亚村镇银行有限责任公司
	礼泉县农村信用合作联社	韩城浦发村镇银行股份有限公司
	麟游县农村信用合作联社	洛南阳光村镇银行
	留坝县农村信用合作联社	安塞农银村镇银行有限责任公司
	略阳县农村信用合作联社	陕西安塞建信村镇银行有限责任公司
	洛川县农村信用合作联社	陕西西乡农村合作银行
	洛南县农村信用合作联社	陕西府谷农村合作银行
	眉县农村信用合作联社	陕西镇安农村合作银行
	米脂县农村信用合作联社	陕西横山农村合作银行
	勉县农村信用合作联社	陕西省陇县农村合作银行

续表

地区	机构名称	
陕西	南郑县农村信用合作联社	陕西靖边农村合作银行
	宁强县农村信用合作联社	陕西定边农村商业银行股份有限公司
	蒲城县农村信用合作联社	陕西富县农村合作银行
	千阳县农村信用合作联社	陕西吴起农村合作银行
	乾县农村信用合作联社	陕西神木农村商业银行股份有限公司
	清涧县农村信用合作联社	陕西甘泉农村合作银行
	三原县农村信用合作社联合社	
甘肃	阿克塞哈萨克族自治县农村信用合作联社	天祝藏族自治县农村信用合作联社
	崇信县农村信用合作联社	通渭县农村信用合作联社
	宕昌县农村信用合作联社	文县农村信用合作联社
	东乡族自治县农村信用合作联社	武山县农村信用合作联社
	甘谷县农村信用合作联社	夏河县农村信用合作联社
	瓜州县农村信用合作联社	永昌县农村信用合作联社
	合水县农村信用合作联社	永登县农村信用合作联社
	合作市农村信用合作联社	玉门市农村信用合作联社
	华池县农村信用合作联社	漳县农村信用合作联社
	徽县农村信用合作联社	正宁县农村信用合作联社
	金塔县农村信用合作联社	卓尼县农村信用合作联社
	泾川县农村信用合作联社	积石山保安族东乡族撒拉族自治县农村信用合作联社
	景泰县农村信用合作联社	会宁会师村镇银行
	靖远县农村信用合作联社	天水市秦安众信村镇银行
	康县农村信用合作联社	民勤融信村镇银行
	礼县农村信用合作联社	平凉市泾川汇通村镇银行
	两当县农村信用合作联社	平凉市静宁成纪村镇银行
	临潭县农村信用合作联社	敦煌市金盛村镇银行
	临夏市农村信用合作联社	甘肃榆中农村合作银行
	玛曲县农村信用合作联社	甘肃陇西农村合作银行
	民勤县农村信用合作联社	甘肃敦煌农村合作银行
	岷县农村信用合作联社	甘肃高台农村合作银行
	秦安县农村信用合作联社	西和县农村合作银行
	庆城县农村信用合作联社	甘肃宁县农村合作银行
	山丹县农村信用合作联社	甘肃华亭农村合作银行
	肃北蒙古族自治县农村信用合作联社	甘肃灵台农村合作银行
	肃南裕固族自治县农村信用合作联社	

地区	机构名称	
宁夏	永宁县农村信用合作联社	泾源县农村信用合作联社
	贺兰县农村信用合作联社	彭阳县农村信用合作联社
	灵武市农村信用合作联社	中宁县农村信用合作联社
	盐池县农村信用合作联社	平罗沙湖村镇银行股份有限公司
	西吉县农村信用合作联社	宁夏贺兰回商村镇银行有限责任公司
青海	大通回族土族自治县农村信用合作联社	乐都县农村信用合作联社
	刚察县农村信用合作联社	门源回族自治县农村信用合作联社
	贵德县农村信用合作联社	平安县农村信用合作联社
	河南蒙古族自治县农村信用合作联社	同仁县农村信用合作联社
	互助土族自治县农村信用合作联社	乌兰县农村信用合作联社
	化隆回族自治县农村信用合作联社	循化撒拉族自治县农村信用合作联社
	湟源县农村信用合作联社	泽库县农村信用合作联社
	湟中县农村信用合作联社	大通国开村镇银行有限责任公司
	尖扎县农村信用合作联社	青海省共和农村合作银行
新疆	阿合奇县农村信用合作联社	青河县农村信用合作联社
	阿克苏市农村信用合作联社	若羌县农村信用合作联社
	阿克陶县农村信用合作联社	沙湾县农村信用合作联社
	阿勒泰市农村信用合作联社	沙雅县农村信用合作联社
	阿图什市农村信用合作联社	莎车县农村信用合作联社
	巴里坤哈萨克自治县农村信用合作联社	鄯善县农村信用合作联社
	拜城县农村信用合作联社	疏勒县农村信用合作联社
	博湖县农村信用合作联社	塔城市农村信用合作联社
	博乐市农村信用合作联社	塔什库尔干县农村信用合作联社
	布尔津县农村信用合作联社	吐鲁番市农村信用合作联社
	策勒县农村信用合作联社	托克逊县农村信用合作联社
	察布查尔县农村信用合作联社	托里县农村信用合作联社
	昌吉市农村信用合作联社	尉犁县农村信用合作联社
	额敏县农村信用合作联社	温泉县农村信用合作联社
	福海县农村信用合作联社	温宿县农村信用合作联社
	阜康市农村信用合作联社	乌鲁木齐县农村信用合作联社
	巩留县农村信用合作联社	乌恰县农村信用合作联社

续表

地区	机构名称	
新疆	哈巴河县农村信用合作联社	乌什县农村信用合作联社
	和布克赛尔县农村信用合作联社	乌苏市农村信用合作联社
	和静县农村信用合作联社	新和县农村信用合作联社
	和田市农村信用合作联社	新源县农村信用合作联社
	和田县农村信用合作联社	焉耆回族自治县农村信用合作联社
	呼图壁县农村信用合作联社	叶城县农村信用合作联社
	霍城县农村信用合作联社	伊宁市农村信用合作联社
	吉木乃县农村信用合作联社	伊宁县农村信用合作联社
	吉木萨尔县农村信用合作联社	英吉沙县农村信用合作联社
	精河县农村信用合作联社	于田县农村信用合作联社
	库车县农村信用合作联社	裕民县农村信用合作联社
	库尔勒市农村信用合作联社	岳普湖县农村信用合作联社
	轮台县农村信用合作联社	泽普县农村信用合作联社
	洛浦县农村信用合作联社	昭苏县农村信用合作联社
	玛纳斯县农村信用合作联社	哈密天山村镇银行
	民丰县农村信用合作联社	五家渠国民村镇银行有限责任公司
	墨玉县农村信用合作联社	新疆库尔勒富民村镇银行
	木垒哈萨克自治县农村信用合作联社	库尔勒市城市商业银行
	皮山县农村信用合作联社	新疆汇和银行股份有限公司
	奇台县农村信用合作联社	新疆石河子农村合作银行
	且末县农村信用合作联社	

第三部分

农村类金融机构发展情况统计

- ❖ **2011 年村镇银行统计报告**

- ❖ **2011 年小额贷款公司统计报告**

- ❖ **2011 年末农村合作金融机构信贷收支统计表**

一、2011 年村镇银行统计报告

1. 机构数量增长较快，主发起人中七成为城市商业银行和农村商业银行

截至 2011 年末，全国共有村镇银行 539 家①，全年增加 254 家，同比增长 89.1%。从地区分布看，村镇银行主要集中在辽宁（52 家）、浙江（41 家）、江苏（38 家）、内蒙古（33 家）、河南（32 家）、四川（30 家）、山东（28 家）、湖北（25 家），八省区机构数量合计占全国村镇银行总数的 51.8%。从机构增量看，全年机构增加较多的地区主要有浙江（22 家）、河南（20 家）、江苏（19 家）、山东（19 家）、辽宁（18 家）、湖北（17 家）、广东（13 家）、内蒙古（12 家），八省区机构增量占全国村镇银行新增量的 55.1%。从资本规模看，2011 年末，全国村镇银行实收资本合计 370 亿元，平均每家资本额 6863 万元。从主发起人机构类型看，主发起人主要为城市商业银行（266 家）和农村商业银行（103 家），分别占全国村镇银行总数的 49.4% 和 19.1%（见图 31）。从主发起人入股比例看，主发起人机构入股金额共计 177 亿元，占村镇银行注册资本的 47.7%。其中，主发起人入股比例最低为 20%、最高为 100%，

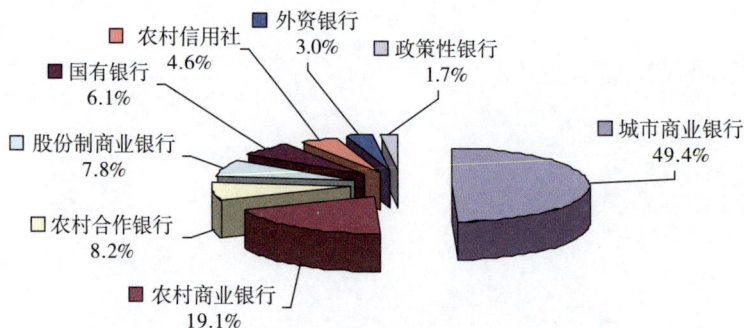

图 31　村镇银行各类型主发起人机构占比图

---

① 指纳入人民银行金融统计体系的村镇银行数，下同。

入股比例主要集中在 20%～30%（119 家）、50%～60%（185 家）和 90%～100%（105 家），合计占全国村镇银行总数的 75.9%。

与小额贷款公司相比，村镇银行体量偏小。2011 年末，全国共有小额贷款公司 4282 家，约为村镇银行的 8 倍。全年新增小额贷款公司 1668 家，相当于同期村镇银行新增数量的 6 倍。全国小额贷款公司平均单家实收资本 7750 万元，比村镇银行平均单家实收资本高 893 万元。从速度上看，2011 年村镇银行机构数量、实收资本发展更快。2011 年末，小额贷款公司机构数量同比增长 63.8%，比村镇银行低 28.7 个百分点。2011 年末，小额贷款公司实收资本同比增长 86.3%，比村镇银行低 31.9 个百分点。

2. 存款余额 1696 亿元，全年增加 944 亿元，余额同比增长 128.4%；与农村信用社存款结构以个人为主不同，村镇银行存款中近七成为单位存款

2011 年末，全国村镇银行人民币各项存款余额 1696 亿元，余额同比增长 128.4%。全年增加 944 亿元，同比多增 461 亿元（见图 32）。全年存款增量占农村类金融机构①存款增加额的比重为 5.7%，比 2010 年提高 2.8 个百分点。

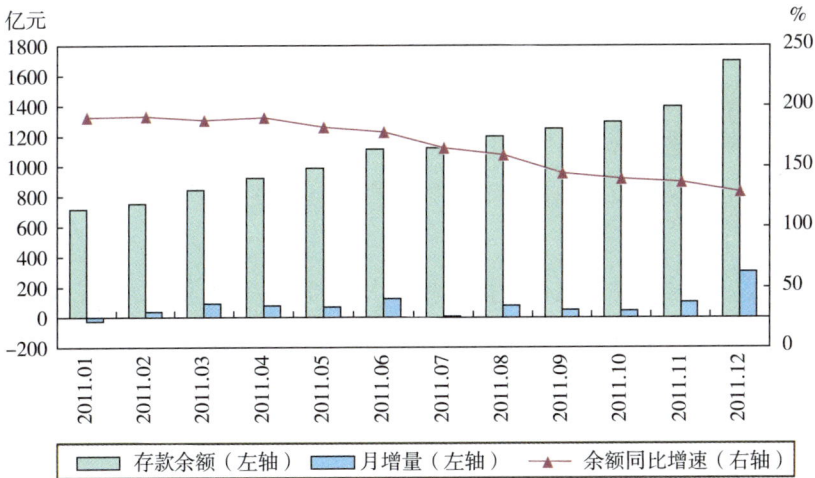

图 32　2011 年村镇银行存款余额、月增量和余额同比增速图

---

①　包括农村商业银行、农村合作银行、农村信用社、村镇银行、小额贷款公司、贷款公司，全文同。

从存款结构看,存款中近七成为单位存款。2011年末,村镇银行单位存款余额为1120亿元,占比66%,比同期农村信用社单位存款占比高出43.2个百分点。从地区分布看,全年存款增加较多的地区主要有浙江(98亿元)、辽宁(90亿元)、江苏(84亿元)、河南(64亿元)、山东(59亿元)、广东(45亿元)、四川(45亿元)和内蒙古(44亿元),七省区存款增加额占全国的56%。

3. 贷款余额1304亿元,全年增加707亿元,余额同比增长119.0%,高于小额贷款公司和农村合作机构;年末存贷比回调至76.9%

2011年末,村镇银行贷款余额1304亿元,余额同比增长119.0%。全年增加707亿元,同比多增290亿元。村镇银行全年贷款增量基本相当于同期广东发展银行的水平(744亿元),占同期全部农村类金融机构贷款增加额的5.6%,比2010年提高1.5个百分点。2011年末,村镇银行存贷比为76.9%,低于当年前11个月各月末平均87.7%的水平。

与农村信用社和小额贷款公司相比,村镇银行贷款总量较小。2011年末,农村信用社和小额贷款公司各项贷款余额分别为3.67万亿元和3915亿元,分别相当于同期村镇银行的28倍和3倍。从增量看,全年农村信用社和小额贷款公司各项贷款分别新增3455亿元和1935亿元,分别相当于同期村镇银行的5倍和3倍。从增速上看,村镇银行贷款增长更快,2011年末村镇银行贷款余额同比增速比全部农村类金融机构和小额贷款公司分别高97.4个和21.6个百分点(见图33)。

从地区分布看,村镇银行贷款主要集中在浙江(231亿元)、江苏(140亿元)、辽宁(113亿元)、四川(77亿元)、广东(72亿元)、河南(68亿元)和山东(60亿元),七省贷款余额合计占全国的58.3%。全年贷款增加较多的主要有浙江(112亿元)、江苏(83亿元)、辽宁(61亿元)、广东(48亿元)、河南(43亿元)、山东(41亿元)和重庆(30亿元),七省贷款增加额占全国村镇银行贷款增量总额的59.1%(见图34)。

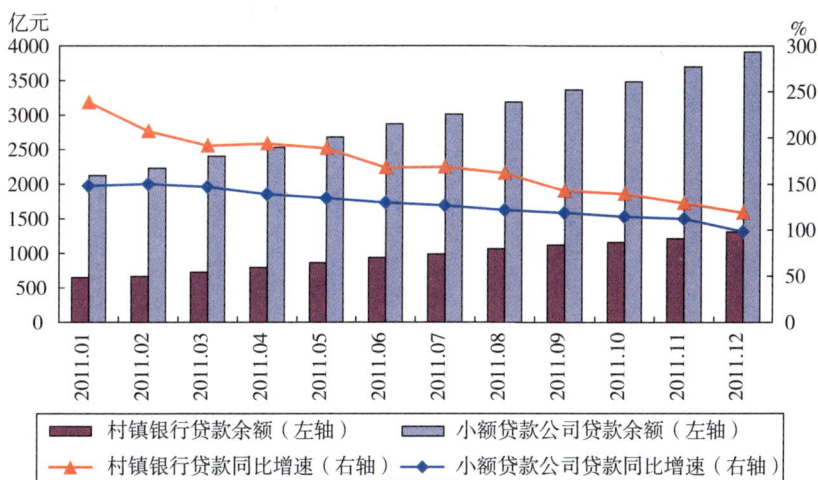

图 33　2011 年村镇银行和小额贷款公司贷款余额及同比增速图

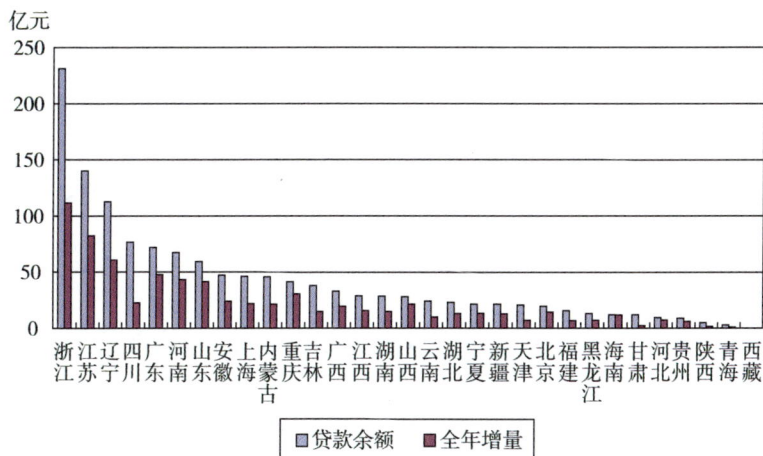

图 34　2011 年各省（自治区、直辖市）村镇银行贷款余额及全年增量图

4. 贷款中八成为短期贷款，近九成为经营性贷款；个人贷款占比低于小额贷款公司和农村信用社

从期限结构看，2011 年末村镇银行短期贷款余额 1060 亿元，占各项贷款余额的比重为 81.2%，低于同期小额贷款公司（98.2%），而高于农村信用社58.3% 的水平。

从贷款用途看，近九成为经营性贷款。2011 年末，村镇银行经营性贷款和消费贷款余额分别为 1125.2 亿元和 58.6 亿元，占各项贷款余额的比重分别为 86.3% 和 4.5%。全年经营性贷款和消费贷款分别增加 612.9 亿元和 25.6 亿元，占贷款增加额的比重分别为 86.7% 和 3.6%。

从贷款对象看，2011 年末，村镇银行个人贷款和企业贷款余额分别为 585 亿元和 719 亿元，占比分别为 44.9% 和 55%。与小额贷款公司和农村信用社偏重发放个人贷款不同，村镇银行个人贷款占比分别比两机构低 16.2 个和 10.1 个百分点。

5. 涉农贷款余额 964 亿元，全年增加 533 亿元，余额同比增长 123.4%；涉农贷款余额占比 73.9%，低于农村信用社 80.5% 的水平

2011 年末，村镇银行涉农贷款余额 964 亿元，余额同比增长 123.4%，比同期全部金融机构和农村信用社涉农贷款增速分别高 98.5 个和 112.3 个百分点。2011 年末，村镇银行涉农贷款余额占其各项贷款余额的比重为 73.9%，比 2010 年末高 1.5 个百分点，低于同期农村信用社 80.5% 的水平。

村镇银行全年增加涉农贷款 533 亿元，同比多增 229 亿元。全年涉农贷款增加额占其各项贷款增加额的比重为 75.4%，比 2010 年末提高 2.5 个百分点。

从"三农"贷款投入看，2011 年末农林牧渔业（农业）贷款余额 272 亿元，占各项贷款余额的比重为 20.8%，全年增加 144 亿元，同比增长 111.9%；农村贷款余额 887 亿元，占各项贷款余额的比重为 68%，全年增加 473 亿元，同比增长 114.3%；农户贷款余额 401 亿元，占各项贷款余额的比重为 30.7%，全年增加 210 亿元，同比增长 109.9%。

6. 净利润多增，资本利润率低于小额贷款公司和农村信用社的水平，资本增值能力尚待提高

2011 年，全国村镇银行实现净利润 27 亿元，同比多增 20 亿元。以省（自治区、直辖市）为单位看，全国开设村镇银行的 30 个省（自治区、直辖市）内村镇银行合计全部盈利，其中浙江、辽宁、四川、江苏、上海五省市利润总额较高。全年五省市分别实现净利润 4.4 亿元、3.2 亿元、2.5 亿元、2 亿元和 1.5 亿元，合计占全国村镇银行净利润的 50.4%（见图 35）。

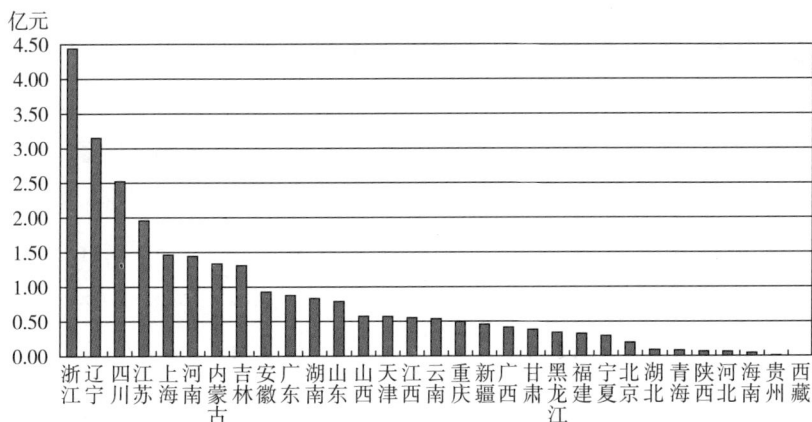

图35　2011年各省（自治区、直辖市）村镇银行净利润图

上海、天津、浙江、吉林和四川五省市的村镇银行平均单家净利润较高，分别为1829万元、1423万元、1082万元、874万元和841万元，远高于全国492万元的平均水平。

2011年末，全国村镇银行平均资本利润率为4.49%，低于同期小额贷款公司（8.99%）和农村信用社（16.82%）的水平，与商业银行22%的资本利润率相比差距更大。村镇银行多处在发展的起步阶段，资本增值能力尚待提高。

二、2011 年小额贷款公司统计报告

1. 小额贷款公司发展迅速，全年新增 1668 家，同比多增 388 家

2011 年末，全国共有小额贷款公司 4282 家①，全年新增 1668 家，同比多增 388 家。从机构总量看，小额贷款公司较多的省、自治区主要有内蒙古（390家）、辽宁（312 家）、江苏（327 家）、安徽（278 家）、云南（213 家）、山西（209 家）、河北（186 家）、山东（184 家）、河南（181 家）和吉林（179 家），合计占全国总数的 57.4%。从机构增量看，全年新增小额贷款公司较多的省、自治区主要有江苏（133 家）、辽宁（108 家）、内蒙古（104 家）、安徽（102家）、陕西（95 家）、山东（87 家）、云南（86 家）、江西（76 家）、黑龙江（74 家）和吉林（73 家），合计占全国新增量的 56.2%（见图 36）。

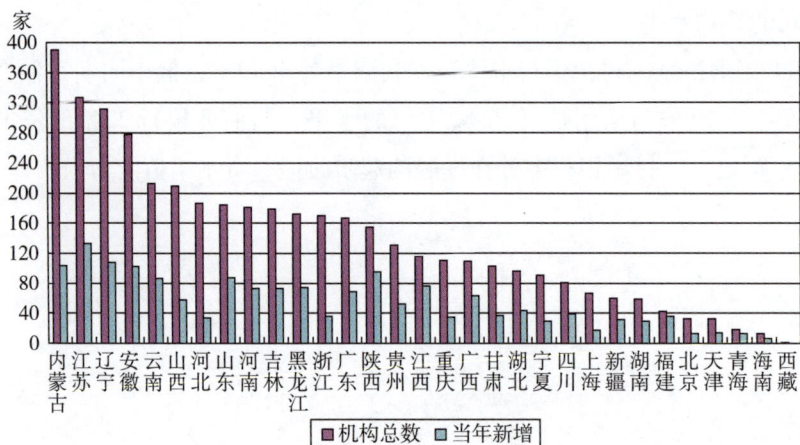

图 36 各省（自治区、直辖市）小额贷款公司机构数量图

2011 年末，小额贷款公司从业人员数为 47088 人，平均每家机构约 11人；实收资本为 3318 亿元，平均每家为 7750 万元，比村镇银行高 893 万元。

① 指纳入人民银行金融统计体系的小额贷款公司数，下同。

2011 年末，小额贷款公司实收资本同比增长 86.3%，比村镇银行低 31.9 个百分点。

2. 小额贷款公司人民币贷款余额 3915 亿元，同比增长 98.2%，比上年末低 59.5 个百分点；全年累计增加 1935 亿元，同比多增 733 亿元

2011 年末，小额贷款公司人民币各项贷款余额 3915 亿元，同比增长 98.2%（见图 37），比上年末低 59.5 个百分点，比全金融机构人民币各项贷款同比增速高 82.4 个百分点。全年小额贷款公司人民币贷款增加 1935 亿元，同比多增 733 亿元，增加额占农村类金融机构[①]增加额的比重为 15.3%，比 2010 年末高出 4.6 个百分点，贷款增量已超过同期一家中型银行的水平。随着贷款规模的快速增长，小额贷款公司贷款增速呈逐步减缓态势。

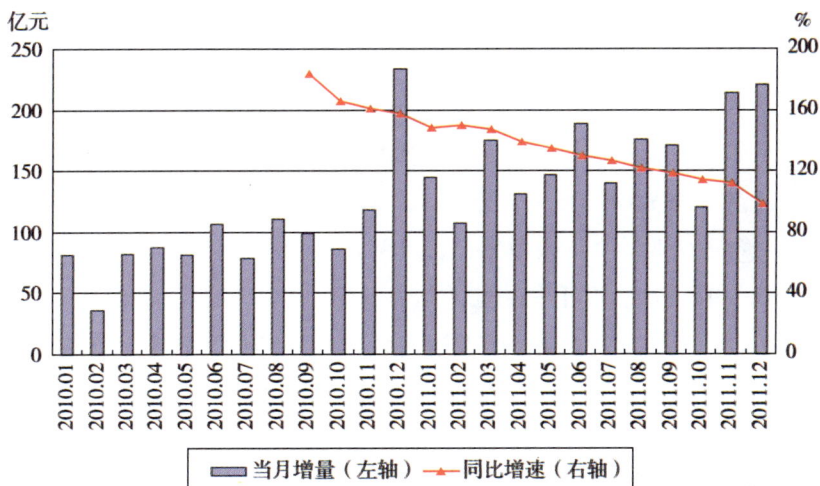

图 37　小额贷款公司各项贷款当月增量和同比增速图

---

① 　包括农村商业银行、农村合作银行、农村信用社、村镇银行、小额贷款公司、贷款公司，全文同。

3. 发放贷款基本为短期贷款、经营性贷款，单位和个人贷款分别占四成、六成，投放地区主要集中在沿海发达地区和部分资源型地区

从期限看，以短期贷款为主。2011 年末，小额贷款公司短期贷款余额 3844 亿元，占比 98.2%；全年增加 1887 亿元，占比 97.5%。

从贷款用途看，基本为经营性贷款。2011 年末，小额贷款公司经营性贷款和消费贷款余额分别为 3841 亿元和 63 亿元，占其各项贷款余额的比重分别为 98.1% 和 1.6%。全年经营性贷款增加 1916 亿元，消费贷款增加 21 亿元，占各项贷款增加额的比重分别为 99.0% 和 1.0%。

从贷款额度看，小额贷款公司大于 50 万元的贷款余额占比为 86.3%，小于等于 10 万元的贷款仅占 1.9%。

从贷款信用形式看，2011 年末，小额贷款公司贷款余额中 64.5% 为保证贷款，抵押贷款和信用贷款占比分别为 18.5% 和 13.1%。

从贷款对象看，单位贷款和个人贷款分别占四成、六成。2011 年末，小额贷款公司个人贷款和单位贷款余额分别为 2392 亿元和 1517 亿元，占其各项贷款余额的比重分别为 61.1% 和 38.8%。全年个人贷款和单位贷款分别新增 1195 亿元和 738 亿元，占其各项贷款增加额的比重分别为 61.8% 和 38.1%。2011 年末，农户贷款余额为 1052 亿元，占个人贷款的比例为 44.8%。单位贷款投向第一、第二、第三产业的贷款余额分别为 304 亿元、645 亿元、609 亿元，占比分别为 19.5%、41.4%、39.1%。

分地区看，贷款主要投向沿海发达地区和部分资源型地区。2011 年末，小额贷款公司贷款余额较大的省区主要有江苏（805 亿元）、浙江（535 亿元）、内蒙古（331 亿元）、山东（223 亿元）、安徽（190 亿元）、广东（179 亿元）、重庆（139 亿元）和四川（131 亿元），合计占比为 64.7%。全年贷款增加较多的省区主要有江苏（431 亿元）、浙江（198 亿元）、山东（127 亿元）、内蒙古（118 亿元）、广东（87 亿元）、安徽（83 亿元）、福建（80 亿元）和江西（79 亿元），合计占比为 62.2%（见图 38）。

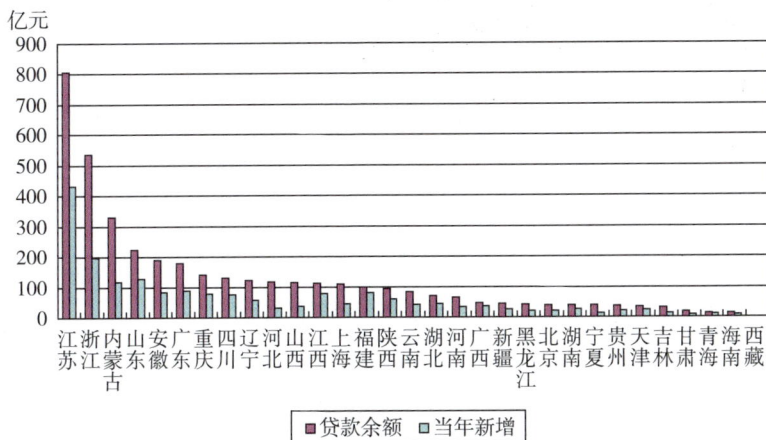

图38 各省（自治区、直辖市）小额贷款公司贷款余额及当年新增图

4. 小额贷款公司资金来源中自有资金占八成，近一成是从金融机构融入的资金

2011年末，小额贷款公司资金来源中，实收资本和从金融机构融资余额分别为3319亿元和406亿元，分别占资金来源的86%和11%（见图39）。全年小额贷款公司实收资本和从金融机构融资累计分别增加1532亿元和182亿元，占资金来源增加额的比重分别为74.8%和8.9%。

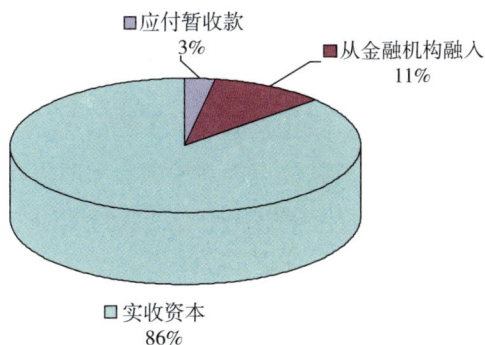

图39 小额贷款公司资金来源分布图

2011 年末，小额贷款公司从金融机构融入资金占实收资本的比重为 12.2%，同比下降 0.3 个百分点，距从金融机构融入资金不得超过其资本金 50% 的规定仍有较大空间。分地区看，浙江（39.7%）、上海（27.5%）、四川（21.2%）、新疆（17.6%）、山东（16.8%）、青海（16.1%）和广东（14.6%）等地从金融机构融入资金占实收资本的比重高于全国平均水平。

5. 小额贷款公司账面利润增长显著，但经营情况不均衡，东部省区小额贷款公司平均单家盈利多，中西部个别省区亏损面较大

2011 年，小额贷款公司实现账面利润 253 亿元，同比多增 155 亿元。江苏、浙江、内蒙古和山东利润总额较高，分别实现利润 69 亿元、55 亿元、19 亿元和 15 亿元，合计占全国小额贷款公司利润总额的比重为 62.4%。浙江、江苏、上海、福建和北京平均单家账面利润较高，分别为 3251 万元、2113 万元、4102 万元、1345 万元和 1120 万元，远高于全国 590 万元的平均水平。

2011 年末，全国小额贷款公司平均资本利润率为 7.6%，比上年同期高 1.6 个百分点，浙江（15.8%）、江苏（12.3%）和上海（12.0%）资本利润率较高。根据人民银行杭州中心支行调查，2011 年末浙江省小额贷款公司贷款平均利率为 20.8%，比 2010 年末提高 3.4 个百分点，带动资本利润率上升。

2011 年末，全国共有 308 家小额贷款公司出现账面亏损，亏损比例为 7.2%，同比下降 1.6 个百分点。在机构总数 100 家以上的省区中，吉林、贵州、黑龙江、江西和甘肃小额贷款公司亏损面较大，分别为 20.1%、17.6%、16.3%、12.2% 和 10.8%。

6. 贷款公司数量保持稳定，各项贷款增长平稳

2011 年末，全国共有 9 家贷款公司，其中湖北和四川各 2 家，吉林、辽宁、内蒙古、天津和浙江各 1 家，较上年末无变化。2011 年末，贷款公司各项贷款余额 6.96 亿元，比年初增加 1.87 亿元，同比少增 0.46 亿元。

表16　2011年末小额贷款公司基本情况统计表

地区名称	机构数量（家）	从业人员数（人）	注册资本金（亿元）	实收资本（亿元）	本年利润（亿元）	贷款余额（亿元）
全国	4282	47088	3251	3319	253	3915
北京	33	374	38	38	4	40
天津	33	360	27	33	1	34
河北	186	2215	108	109	6	118
山西	209	2098	115	122	3	115
内蒙古	390	3765	313	313	19	331
辽宁	312	2334	133	144	6	123
吉林	179	1479	40	41	1	31
黑龙江	172	1511	44	44	2	41
上海	66	570	77	77	9	109
江苏	327	3019	577	560	69	805
浙江	170	2039	348	351	55	535
安徽	278	3122	157	160	10	190
福建	42	499	84	84	6	100
江西	115	1336	90	98	5	111
山东	184	1985	186	186	15	223
河南	181	2425	68	64	2	65
湖北	96	883	60	59	3	70
湖南	59	649	30	35	2	39
广东	167	4358	152	164	11	179
广西	109	1309	46	46	1	48
海南	13	150	15	15	1	12
重庆	110	2164	123	127	7	139
四川	81	1339	106	110	5	131
贵州	131	1330	36	39	1	38
云南	213	1857	78	84	3	84
西藏	1	9	1	1	0	1
陕西	155	1244	102	105	4	93
甘肃	102	892	20	22	0	19
青海	18	205	8	9	0	12
宁夏	90	1088	44	43	2	38
新疆	60	480	29	37	2	44

三、2011 年末农村合作金融机构信贷收支统计表

表17 农村商业银行人民币信贷收支统计表

单位：亿元

来源项目名称	余额	比年初增减	运用项目名称	余额	比年初增减
一、各项存款	32942	9565	一、各项贷款	21150	6866
1. 单位存款	13724	3297	（一）境内贷款	21134	6865
其中：活期存款	9072	1936	1. 短期贷款	10115	3920
定期存款	2574	737	（1）个人贷款及透支	2515	1169
通知存款	295	62	（2）单位普通贷款及透支	7536	2743
保证金存款	1400	492	（3）普通并购贷款		0
2. 个人存款	19158	6335	（4）银团贷款	52	17
储蓄存款	19151	6329	（5）贸易融资	12	−9
保证金存款	5	5	（6）境外筹资转贷款		
结构性存款	1	1	2. 中长期贷款	9811	2698
3. 临时性存款	46	−75	（1）个人贷款	2633	913
4. 其他存款	14	9	（2）单位普通贷款	6740	1707
二、代理财政性存款	38	14	（3）普通并购贷款		
三、金融债券	87	20	（4）银团贷款	438	78
四、中长期借款	1	1	（5）贸易融资		
五、应付及暂收款	799	331	（6）境外筹资转贷款		
六、卖出回购资产	1846	470	3. 融资租赁		
七、向中央银行借款	119	24	4. 票据融资	1202	245
八、同业往来（来源方）	1754	1035	5. 各项垫款	7	3
1. 同业存放	1623	961	（二）境外贷款	15	1
2. 同业拆借	131	75	二、有价证券	5252	1022
九、境外联行往来（来源方）	0	0	三、股权及其他投资	744	199
十、外汇买卖（来源方）	545	288	四、应收及预付款	268	59
十一、委托存款及委托投资基金（净）	19	12	五、买入返售资产	2689	421
1. 委托存款及委托投资基金	966	281	六、存放中央准备金存款	6774	2507
2. 减：委托贷款及委托投资	947	269	七、存放中央银行特种存款		
十二、代理金融机构委托贷款基金	50	35	八、缴存中央银行财政性存款	31	16
十三、各项准备	918	365	九、同业往来	3304	1581
十四、所有者权益	3230	1254	1. 存放同业	2986	1344
十五、其他	−1188	−283	2. 拆放同业	318	237
			十、境外联行往来（运用方）		
			十一、代理金融机构贷款	50	37
			十二、库存现金	338	129
			十三、外汇买卖（运用方）	558	295
			十四、投资性房地产	4	0
资金来源总计	41162	13133	资金运用总计	41162	13133

表18　农村合作银行人民币信贷收支统计表

单位：亿元

来源项目名称	余额	比年初增减	运用项目名称	余额	比年初增减
一、各项存款	12728	-443	一、各项贷款	8912	-306
1. 单位存款	4035	-382	（一）境内贷款	8912	-306
其中：活期存款	2748	-183	1. 短期贷款	6465	-464
定期存款	718	-20	（1）个人贷款及透支	2997	-158
通知存款	44	-36	（2）单位普通贷款及透支	3430	-307
保证金存款	458	-146	（3）普通并购贷款		
2. 个人存款	8621	-42	（4）银团贷款	37	0
储蓄存款	8618	-42	（5）贸易融资	2	0
保证金存款	1	-1	（6）境外筹资转贷款		
结构性存款	1	1	2. 中长期贷款	2218	160
3. 临时性存款	22	-9	（1）个人贷款	1093	172
4. 其他存款	51	-9	（2）单位普通贷款	1000	-21
二、代理财政性存款	40	1	（3）普通并购贷款		
三、金融债券	7	-8	（4）银团贷款	125	9
四、中长期借款	0	0	（5）贸易融资		
五、应付及暂收款	361	77	（6）境外筹资转贷款		
六、卖出回购资产	147	56	3. 融资租赁		
七、向中央银行借款	88	5	4. 票据融资	224	-3
八、同业往来（来源方）	103	16	5. 各项垫款	5	1
1. 同业存放	93	9	（二）境外贷款		
2. 同业拆借	9	7	二、有价证券	725	-221
九、境外联行往来（来源方）			三、股权及其他投资	42	5
十、外汇买卖（来源方）	214	196	四、应收及预付款	134	-9
十一、委托存款及委托投资基金（净）	7	7	五、买入返售资产	297	-90
1. 委托存款及委托投资基金	120	3	六、存放中央准备金存款	2444	108
2. 减：委托贷款及委托投资	113	-4	七、存放中央银行特种存款		
十二、代理金融机构委托贷款基金	56	12	八、缴存中央银行财政性存款	13	7
十三、各项准备	445	31	九、同业往来	1112	69
十四、所有者权益	1136	23	1. 存放同业	1054	88
十五、其他	-1195	-177	2. 拆放同业	58	-18
			十、境外联行往来（运用方）		
			十一、代理金融机构贷款	60	17
			十二、库存现金	176	20
			十三、外汇买卖（运用方）	220	196
			十四、投资性房地产	1	0
资金来源总计	14136	-205	资金运用总计	14136	-205

表19 农村信用社人民币信贷收支统计表

单位：亿元

来源项目名称	余额	比年初增减	运用项目名称	余额	比年初增减
一、各项存款	55699	6407	一、各项贷款	36716	3452
1. 单位存款	12720	1086	（一）境内贷款	36711	3453
其中：活期存款	10754	1012	1. 短期贷款	21393	1169
定期存款	1195	163	（1）个人贷款及透支	12379	448
通知存款	69	20	（2）单位普通贷款及透支	8739	656
保证金存款	635	−113	（3）普通并购贷款	0	−1
2. 个人存款	42911	5319	（4）银团贷款	275	66
储蓄存款	42903	5324	（5）贸易融资		
保证金存款	8	0	（6）境外筹资转贷款	0	0
结构性存款		−5	2. 中长期贷款	14016	2364
3. 临时性存款	67	3	（1）个人贷款	7825	1539
4. 其他存款	0	0	（2）单位普通贷款	5096	594
二、代理财政性存款	320	−5	（3）普通并购贷款	4	4
三、金融债券	6	6	（4）银团贷款	1091	228
四、中长期借款	11	2	（5）贸易融资		
五、应付及暂收款	1566	257	（6）境外筹资转贷款		
六、卖出回购资产	1707	446	3. 融资租赁		
七、向中央银行借款	1098	263	4. 票据融资	1298	−79
八、同业往来（来源方）	1337	−5	5. 各项垫款	5	−1
1. 同业存放	1237	71	（二）境外贷款	5	−1
2. 同业拆借	100	−76	二、有价证券	5017	752
九、境外联行往来（来源方）			三、股权及其他投资	358	68
十、外汇买卖（来源方）	51	51	四、应收及预付款	454	27
十一、委托存款及委托投资基金（净）	19	−24	五、买入返售资产	1435	35
1. 委托存款及委托投资基金	1166	529	六、存放中央准备金存款	11568	2272
2. 减：委托贷款及委托投资	1147	552	七、存放中央银行特种存款	0	0
十二、代理金融机构委托贷款基金	148	−83	八、缴存中央银行财政性存款	57	22
十三、各项准备	2043	317	九、同业往来	7983	1411
十四、所有者权益	3593	869	1. 存放同业	7834	1648
十五、其他	−2985	−372	2. 拆放同业	149	−237
			十、境外联行往来（运用方）		0
			十一、代理金融机构贷款	131	−92
			十二、库存现金	831	130
			十三、外汇买卖（运用方）	51	51
			十四、投资性房地产	12	1
资金来源总计	64612	8128	资金运用总计	64612	8128

表 20　农村商业银行人民币存贷款分地区统计表

单位：亿元

地区	各项存款		各项贷款	
	余额	比年初增减	余额	比年初增减
全国	32942	9565	21150	6866
北京	3348	338	1695	304
天津	1574	133	1033	161
河北	40	4	31	4
山西	236	20	157	−2
内蒙古	269	90	190	83
辽宁	170	37	120	25
吉林	397	219	245	133
黑龙江	82	76	52	48
上海	2451	311	1635	225
江苏	6756	1931	4676	1421
浙江	1237	1237	909	909
安徽	888	228	616	186
福建	503	319	306	187
江西	279	89	197	70
山东	1392	927	1010	685
河南	447	45	322	39
湖北	943	318	640	218
湖南	490	298	289	170
广东	6517	1675	3951	1166
广西	142	141	114	111
海南	—	—	—	—
重庆	2443	392	1436	216
四川	1702	371	1104	267
贵州	158	158	103	103
云南	—	—	—	—
西藏	—	—	—	—
陕西	322	138	196	96
甘肃	—	—	—	—
青海	41	41	24	24
宁夏	106	28	88	14
新疆	11	3	10	0

注：表中"—"表示此地区无该类机构，下同。

表21 2011年末农村合作银行人民币存贷款分地区统计表

单位：亿元

地区	各项存款		各项贷款	
	余额	比年初增减	余额	比年初增减
全国	12728	−443	8912	−306
总行	—	—	—	—
北京	—	—	—	—
天津	—	—	—	—
河北	126	7	87	0
山西	72	14	46	1
内蒙古	309	92	189	46
辽宁	89	4	75	11
吉林	40	−73	33	−46
黑龙江	0	−17	0	−13
上海	—	—	—	—
江苏	643	−660	480	−489
浙江	5711	−414	4103	−197
安徽	1075	205	754	160
福建	283	−13	177	−24
江西	285	66	193	42
山东	1373	−10	1001	−13
河南	131	27	86	8
湖北	241	65	160	49
湖南	376	53	195	23
广东	—	—	—	—
广西	744	30	516	7
海南	9	3	4	1
重庆	—	—	—	—
四川	62	13	44	9
贵州	118	−13	79	−5
云南	314	48	202	29
西藏	—	—	—	—
陕西	237	17	151	9
甘肃	451	106	310	76
青海	6	6	5	5
宁夏	—	—	—	—
新疆	32	0	23	6

表22　2011年末农村信用社人民币存贷款分地区统计表

单位：亿元

地区	各项存款		各项贷款	
	余额	比年初增减	余额	比年初增减
全国	55699	6407	36716	3452
总行	—	—	—	—
北京	—	—	—	—
天津	—	—	—	—
河北	5545	779	3535	471
山西	3395	580	2017	385
内蒙古	1392	289	846	126
辽宁	2199	344	1623	229
吉林	1096	48	732	6
黑龙江	1371	194	975	117
上海	—	—	—	—
江苏	1274	−354	975	−221
浙江	1950	296	1380	226
安徽	1257	203	862	134
福建	1359	111	927	74
江西	1852	338	1134	153
山东	5245	239	3817	35
河南	4126	609	2834	199
湖北	1487	167	931	137
湖南	2368	200	1418	98
广东	4385	−455	2817	−282
广西	1919	377	1272	217
海南	439	134	276	99
重庆	—	—	—	—
四川	3347	512	2225	282
贵州	1503	213	1051	126
云南	2853	618	1745	305
西藏	—	—	—	—
陕西	2241	328	1329	149
甘肃	1065	155	684	92
青海	229	42	128	1
宁夏	394	86	322	55
新疆	1408	352	862	240

第四部分

涉农贷款专项统计制度及
有关扶持政策

❖ 涉农贷款专项统计制度的建立、修订及说明

❖ 县域金融有关扶持政策

一、涉农贷款专项统计制度的建立、修订及说明

中国人民银行　中国银行业监督管理委员会关于建立《涉农贷款专项统计制度》的通知

（银发〔2007〕246 号）

中国人民银行上海总部，各分行、营业管理部、省会（首府）城市中心支行，中国银行业监督管理委员会各银监局，各政策性银行、国有商业银行、股份制商业银行、中国邮政储蓄银行：

为全面、完整、系统地反映金融机构涉农贷款发放情况，为国家制定政策及推进社会主义新农村建设提供信息支持，中国人民银行和中国银行业监督管理委员会决定建立《涉农贷款专项统计制度》（以下简称《制度》，见附件）。现就有关事项通知如下：

一、《制度》自 2007 年 9 月实施。请人民银行上海总部，各分行、营业管理部、省会（首府）城市中心支行，以及各政策性银行、国有商业银行、股份制商业银行、中国邮政储蓄银行总行于 9 月 25 日之前向人民银行总行第一次报送涉农贷款专项统计数据，数据时间属性为 2007 年 6 月 30 日。自 2007 年第三季度开始，于每季度后 25 日内报送。

二、人民银行上海总部，各分行、营业管理部、省会（首府）城市中心支行，以及各政策性银行、国有商业银行、股份制商业银行、中国邮政储蓄银行总行向人民银行总行报送"全科目"人民币、外汇季报的时间自 2007 年第三季度开始由原定的每季度后 18 日内调整为每季度后 25 日内报送。

三、涉农贷款专项统计指标为新增的"全科目"季报指标。自第一次报送起，各行即应将原有的"全科目"人民币、外汇季报数据与新增的涉农贷款专项统计数据生成同一数据文件后报送人民银行总行。

四、人民银行各分支机构及各政策性银行、国有商业银行、股份制商业银行、中国邮政储蓄银行要对《制度》实施情况进行跟踪了解，加强数据质量监控和统计分析工作。对《制度》实施中存在的问题、应对措施、质量监控办法

等情况，要及时与人民银行调查统计司沟通，有关材料以传真方式报送人民银行调查统计司。

银行业各级机构按照《制度》要求向人民银行报送数据。人民银行总行及分支机构采集和汇总涉农贷款数据后，与银监会及其分支机构进行数据信息共享。

请人民银行上海总部，各分行、营业管理部、省会（首府）城市中心支行，及时将本通知转发辖内各城市商业银行、农村商业银行、城市信用社、农村信用社、农村合作银行、企业集团财务公司、信托投资公司、租赁公司。

附件：涉农贷款专项统计制度

二〇〇七年七月二十五日

附件

涉农贷款专项统计制度

一、制度说明

（一）为全面、完整、系统地反映金融机构涉农贷款发放情况，为国家制定政策及推进社会主义新农村建设提供信息支持，依照《金融统计管理规定》（中国人民银行令〔2002〕第9号发布）的规定，特制定本统计制度。

（二）涉农贷款专项统计涉及三类统计报表：采集类报表、辅助类报表和汇总类报表。采集类报表由本制度规定的银行业金融机构填报，辅助类报表由人民银行分支机构填报，汇总类报表由人民银行总行根据采集类报表和辅助类报表汇总生成。

采集类报表包括农林牧渔业贷款情况统计表、农户贷款情况统计表、农村企业及各类组织贷款情况统计表、城市企业及各类组织涉农贷款情况统计表等四张报表，分别反映各类涉农贷款的规模、产业类型、期限、信用形式、风险状况等。

辅助类报表为各省（自治区、直辖市）农业产业化龙头企业信息统计表，由人民银行分支机构填报。人民银行总行可根据该表提供的信息从征信系统中查询各类农业产业化龙头企业贷款数据，并以此生成涉农贷款汇总情况表的相关数据。

汇总类报表为涉农贷款汇总情况表，该表在采集类报表、辅助类报表的基础上汇总、查询得到涉农贷款总体数据，反映涉农贷款的各层次构成情况以及农村中小企业贷款、农业综合开发贷款、农业产业化龙头企业贷款、扶贫贴息贷款等情况。

（三）采集类报表报送要求

各政策性银行、国有商业银行、股份制商业银行、中国邮政储蓄银行将本行全国和各省（自治区、直辖市）涉农贷款数据填报人民银行总行，其分支机构将辖内涉农贷款数据分别报送人民银行当地分支机构。

人民银行上海总部，各分行、营业管理部、省会（首府）城市中心支行汇总辖内城市信用社、城市商业银行、农村信用社、农村商业银行、农村合作银行、企业集团财务公司等金融机构填报的涉农贷款数据后报送人民银行总行。

（四）辅助类报表报送要求

人民银行上海总部，各分行、营业管理部、省会（首府）城市中心支行填写本省（自治区、直辖市）农业产业化龙头企业信息统计表后报送人民银行总行。

（五）相关概念

1. 贷款：指报告机构发放的各类贷款（含直贴现、买断式转贴现和金融租赁）。

2. 短期贷款：指报告机构所发放的各类贷款中合同期限在 1 年以内（含 1 年）的贷款。

3. 中长期贷款：指报告机构所发放的各类贷款中合同期限大于 1 年的贷款。

4. 正常类、关注类、次级类、可疑类、损失类贷款：指根据《贷款风险分类指导原则》（银发〔2001〕416 号文印发）和《中国银行业监督管理委员会关于推进和完善贷款风险分类工作的通知》（银监发〔2003〕22 号）的相关要求进行的各项贷款分类。

5. 农业：本制度中，除"农、林、牧、渔业贷款"项下包含的"农业贷款"专指对农作物种植业的贷款之外，其他部分所说的农业均是涵盖种植业、林业、畜牧业和渔业等产业的大农业。

（六）本制度由中国人民银行负责解释。

二、报表目录及表式

表号	表名	报表类型	频度	填报机构	报送渠道	报送日期及方式
银统 375 号	农林牧渔业贷款情况统计表	采集类报表	季度	各政策性银行、国有商业银行、股份制商业银行、中国邮政储蓄银行	通过 Modem 报送人民银行总行，填报机构的分支机构将辖内数据分别报送人民银行当地分支机构	季度后 25 日内，按照金融统计监测管理信息系统规定的指标编码规则和标准以电子文件方式报送
				各城市信用社、城市商业银行、农村信用社、农村商业银行、农村合作银行、企业集团财务公司	由人民银行上海总部，各分行、营业管理部、省会（首府）城市中心支行汇总后通过内联网报送人民银行总行	
银统 376 号	农户贷款情况统计表	采集类报表	同上	同上	同上	同上
银统 377 号	农村企业及各类组织贷款情况统计表	采集类报表	同上	同上	同上	同上
银统 378 号	城市企业及各类组织贷款情况统计表	采集类报表	同上	同上	同上	同上
银统 379 号	涉农贷款汇总情况统计表	汇总类报表	同上	不需要填报	不需要报送	不需要报送
银统 380 号	各省（自治区、直辖市）农业产业化龙头企业信息统计表	辅助类报表	同上	由人民银行上海总部，各分行、营业管理部、省会（首府）城市中心支行汇总填报	通过内联网邮箱报送人民银行总行	季度后 25 日内，按照总行下发的模板以 Excel 电子文件方式报送

三、填报说明

（一）农林牧渔业贷款情况统计表

按照国民经济行业分类标准（GB/T4754—2002），主表项目定义如下。

1. 农林牧渔业贷款：填报机构发放给各承贷主体从事 A 门类（农、林、牧、渔业）所属活动的所有贷款。

2. 农业贷款：填报机构发放给各承贷主体从事各种农作物种植（谷物、蔬菜、园艺作物、水果、坚果、饮料、香料、中药材）活动的贷款。

3. 林业贷款：填报机构发放给各承贷主体从事林木的培育与种植、木材和竹材的采运（仅指将运出山场至贮木场）、林产品的采集等活动的贷款。上述活动中，不包括国家自然保护区的森林保护和管理以及城市树木、草坪的种植和管理。

4. 畜牧业贷款：填报机构发放给各承贷主体从事为了获得各种畜禽产品而进行的动物饲养活动的贷款。

5. 渔业贷款：填报机构发放给各承贷主体从事海洋、内陆水域养殖与捕捞活动的贷款。上述活动中，不包括专门提供体育运动和休闲的钓鱼等活动。

6. 农林牧渔服务业贷款：填报机构发放给各承贷主体从事针对使农、林、牧、渔业生产活动顺利进行而提供的支持性服务活动的贷款。上述活动中，不包括针对农林牧渔业的各种科学技术和专业技术服务活动。

（二）农户贷款情况统计表

1. 农户贷款：填报机构发放给农户的所有贷款。农户贷款的判定应以贷款发放时的承贷主体是否属于农户为准。

农户：指长期（一年以上）居住在乡镇（不包括城关镇）行政管理区域内的住户，还包括长期居住在城关镇所辖行政村范围内的住户和户口不在本地而在本地居住一年以上的住户，国有农场的职工和农村个体工商户。位于乡镇（不包括城关镇）行政管理区域内和在城关镇所辖行政村范围内的国有经济的机关、团体、学校、企事业单位的集体户；有本地户口，但举家外出谋生一年以上的住户，无论是否保留承包耕地均不属于农户。农户以户为统计单位，既可以从事农业生产经营，也可以从事非农业生产经营。

农村个体工商户：长期（一年以上）居住在乡镇（不包括城关镇）行政管理区域内或者是城关镇所辖行政村范围内，经法律或者相关部门核准领取了"营业执照"或"民办非企业单位（个人）登记证书"，从事工业、商业、建筑业、运输业、餐饮业、服务业等活动的农村住户和虽然没有领取相关证件，但有相对固定场所、实际从事生产经营活动三个月以上、外雇人员在7人以下的农村住户。

2. 农户生产经营贷款：农户生产经营指农户以资本增值为直接目的而进行

的资金运用活动。填报机构发放给农户用于上述用途的贷款即农户生产经营贷款，包括农户农林牧渔业生产经营贷款和农户其他生产经营贷款两类。（1）农户农林牧渔业生产经营贷款指填报机构发放给农户从事农业、林业、牧业、渔业及农林牧渔服务业等生产活动的贷款。（2）农户其他生产经营贷款指填报机构发放给农户从事工业、商业、建筑业、运输业、餐饮业、服务业等生产或流通活动的贷款。发放给农户从事不属于农林牧渔业生产活动的所有贷款均应归入此类。

3. 农户消费贷款：农户消费指农户为直接满足自身吃、穿、住、用、行以及医疗、学习等需要而进行的资金运用活动。填报机构发放给农户用于上述用途的贷款即农户消费贷款，如助学贷款、医疗贷款、住房贷款等。

4. 农户信用贷款：凭农户的信誉而发放的贷款。

5. 农户小额信用贷款：填报机构以农户的信誉为保证，在核定的额度和期限内对农户发放的小额信用贷款。农户小额信用贷款采取"一次核定、随用随贷、余额控制、周转使用"的办法，核定的具体额度，由农村信用社等机构根据当地农村经济状况、农户生产经营收入、信用社资金状况等确定。

6. 农户保证贷款：按照《中华人民共和国担保法》（以下简称《担保法》）规定的保证方式以第三人承诺在借款人不能偿还贷款时，按约定承担一般保证责任或者连带责任而发放给农户的贷款。

7. 农户联保贷款：农户为了满足生产、生活等方面的资金需要，自愿组成联保小组，填报机构对联保小组成员发放的，超出农户小额信用贷款范畴，并由联保小组成员相互承担连带保证责任的贷款即为农户联保贷款。

8. 农户抵押贷款：按照《担保法》规定的抵押方式以借款人或第三人的财产作为抵押物发放给农户的贷款。

9. 农户质押贷款：按照《担保法》规定的质押方式以借款人或第三人的动产或者权利作为质押物发放给农户的贷款。

（三）农村企业及各类组织贷款情况统计表

1. 主表项目。

（1）农村企业及各类组织贷款：填报机构发放给注册地位于农村区域的企业及各类组织的所有贷款。

本表所称农村区域指除地级及以上城市的城市行政区及其市辖建制镇之外

的区域。

企业是指依据《中华人民共和国企业法人登记管理条例》、《中华人民共和国公司登记管理条例》等，经各级工商行政管理机关登记注册，领取"企业法人营业执照"，取得法人资格的企业。

各类组织包括农民专业合作社和其他组织。其中，农民专业合作社是指根据《中华人民共和国农民专业合作社法》的规定所设立和登记的农民专业合作组织。其他组织包括事业单位、机关法人、社会团体以及居民委员会、村民委员会和基金会等。

（2）农村企业贷款：指填报机构发放给注册地位于农村区域的企业的贷款。其中，主要包括农村企业农林牧渔业贷款和农村企业支农贷款。

（3）农村企业农林牧渔业贷款：填报机构发放给注册地位于农村区域的企业从事农、林、牧、渔业活动的所有贷款。

本表农林牧渔业贷款的含义与"（一）农林牧渔业贷款情况统计表"中的定义一致。

（4）农村企业支农贷款：填报机构发放给注册地位于农村区域的企业用于支持农业产前、产中、产后的各环节和支持农村基础设施建设的各类特定用途的贷款，主要包括农田基本建设贷款、农产品加工贷款、农业生产资料制造贷款、农用物资和农副产品流通贷款、农业科技贷款、农村基础设施建设贷款。

（5）农田基本建设贷款：用于建设小型农田水利设施、改造大型灌区、进行中低产田改造、提高耕地质量和农业防灾减灾能力等的贷款。

（6）农产品加工贷款：用于以农、林、牧、渔业产品为原料进行加工活动的贷款，主要包括农副食品加工、纺织加工、木材加工、中医药加工贷款，不包括用以对农、林、牧、渔业产品为原料进行的深加工活动的贷款。

农副食品加工贷款：用于直接以农、林、牧、渔业产品为原料进行的谷物磨制、饲料加工、植物油和制糖加工、屠宰及肉类加工、水产品加工以及蔬菜、水果和坚果等食品制造的贷款。

纺织加工贷款：用于以棉、苎麻、亚麻、大麻、蚕丝等为主要原料进行的纺织活动的贷款。

木材加工贷款：用于锯材及木片加工，木制品，竹、藤、棕、草制品制造发放的贷款。

中医药加工制造贷款：用于中药饮片加工、中成药制造的贷款。

（7）农业生产资料制造贷款：用于化学肥料、农药、农膜、农林牧渔业专用机械制造等的贷款。

（8）农用物资及农副产品流通贷款：用于农、林、牧、渔业产品收购、调销、储备，从事农业生产资料、农村居民生活消费品以及农、林、牧、渔业产品零售和批发活动的贷款。对农产品出口的贷款应包括在内。

（9）农产品出口贷款：用于农、林、牧、渔业产品出口的贷款。

（10）农业科技贷款：用于从事农业科学研究与试验发展、农业技术推广服务、农业科技中介服务的贷款。

（11）农村基础设施建设贷款：用于农村生活设施建设、农业服务体系建设、农村流通体系设施建设、农村公共设施建设等方面的贷款。

农村生活设施建设：农村饮水安全工程建设，农村沼气、秸秆发电、小水电、太阳能、风能等能源建设，农村电网改造及续建配套工程、农村公路建设、农村邮政和电信等信息网络建设等。

农业服务体系建设：农产品质量安全和标准建设，动物防疫和植物保护、认证认可等服务体系建设，农村经济信息应用系统建设等。

农村流通体系设施建设：农产品批发市场升级改造，入市农产品质量等级化、包装规格化建设，以农产品、农业生产资料和消费品集中采购、统一配送为核心的农村新型营销体系建设，"万村千乡市场工程"建设，连锁化"农家店"建设等。

农村公共设施建设：与农户生活的基本需求密切相关，属于农户共同享有或使用的基本设施和服务建设。这些设施和服务主要包括农村教育、医疗卫生、文化娱乐、体育、社会福利与保障、行政管理与社区服务等方面。

（12）农村各类组织贷款：填报机构发放给注册地位于农村区域的各类组织的贷款。其中，主要包括农村各类组织农林牧渔业贷款和农村各类组织支农贷款。

（13）农村各类组织农林牧渔业贷款：填报机构发放给注册地位于农村区域的各类组织从事农、林、牧、渔业活动的贷款。

本表农林牧渔业贷款的含义与"（一）农林牧渔业贷款情况统计表"填报说明中的定义一致。

（14）农村各类组织支农贷款：填报机构发放给注册地位于农村区域的各类组织用于支持农业产前、产中、产后的各环节和支持农村基础设施建设的各类特定用途的贷款，主要包括农田基本建设贷款、农产品加工贷款、农业生产资料制造贷款、农用物资和农副产品流通贷款、农业科技贷款、农村基础设施建设贷款等。

农田基本建设贷款、农产品加工贷款、农业生产资料制造贷款、农用物资和农副产品流通贷款、农业科技贷款、农村基础设施建设贷款的定义参见本表主表项目第（5）～（11）项填报说明。

2. 附加项目。

（1）农村中小企业贷款：填报机构发放给注册地位于农村区域的中小企业的贷款。

中小企业的划分标准遵照国家统计局《统计上大中小型企业划分办法（暂行）》（国统字〔2003〕17 号文印发）和《部分非工企业大中小型划分补充标准（草案）》（国资厅评价函〔2003〕327 号文印发）执行。

（2）农村企业及各类组织农业综合开发贷款：填报机构发放给注册地位于农村区域的企业及各类组织进行与财政农业综合开发专项资金配套的贷款。

农业综合开发是指中央政府为保护、支持农业发展，改善农业生产基本条件，优化农业和农村经济结构，提高农业综合生产能力和综合效益，设立专项资金对农业资源进行综合开发利用的活动。农业综合开发项目包括土地治理项目和产业化经营项目。土地治理项目，包括稳产高产基本农田建设、粮棉油等大宗优势农产品基地建设、良种繁育、土地复垦等中低产田改造项目，草场改良、小流域治理、土地沙化治理、生态林建设等生态综合治理项目，中型灌区节水配套改造项目。产业化经营项目，包括经济林及设施农业种植、畜牧水产养殖等种植养殖基地项目，农产品加工项目，储藏保鲜、产地批发市场等流通设施项目。

（3）扶贫贴息贷款：由填报机构发放给国家扶贫开发工作重点县的用于支持能够带动低收入贫困人口增加收入的种养业、劳动密集型企业、农产品加工企业和市场流通企业以及基础设施建设项目的贷款。

单位扶贫贴息贷款：由填报机构发放给各企业、其他单位和各类组织的扶贫贴息贷款。

个人扶贫贴息贷款：由填报机构发放给个人的扶贫贴息贷款。

3. 特别说明。

附加项目中的农村中小企业贷款、农村企业及各类组织农业综合开发贷款、扶贫贴息贷款相互之间以及这些项目与主表中的农村企业及各类组织贷款在内涵上会存在一定的交叉、重合，因此农村中小企业贷款、农村企业及各类组织农业综合开发贷款、扶贫贴息贷款作为附加项目列示，附加项目之间、附加项目与主表项目之间没有统计核对关系。

如果填报机构的某笔贷款既属于农村企业及各类组织贷款，又属于农村中小企业贷款、农村企业及各类组织农业综合开发贷款或者扶贫贴息贷款，该笔贷款在主表和附加项目中均要填报。

（四）城市企业及各类组织涉农贷款情况统计表

1. 主表项目。

（1）城市企业及各类组织涉农贷款：填报机构发放给注册地位于城市区域的企业及各类组织从事农、林、牧、渔业活动以及支持农业和农村发展的贷款。包括城市企业贷款和城市各类组织支农贷款。

本制度所称城市区域为地级及以上城市的城市行政区与市辖建制镇，其中不含市辖市、市辖县。

本表所称的企业及各类组织定义见"（三）农村企业及各类组织贷款情况统计表"中主表项目第（1）项填报说明。

（2）城市企业涉农贷款：填报机构发放给注册地位于城市区域的企业从事农、林、牧、渔业活动以及支持农业和农村发展的贷款。包括城市企业农林牧渔业贷款和城市企业支农贷款。

（3）城市企业农林牧渔业贷款：填报机构发放给注册地位于城市区域的企业从事农、林、牧、渔业活动的贷款。

本表农林牧渔业贷款的定义见"（一）农林牧渔业贷款情况统计表"填报说明。

（4）城市企业支农贷款：填报机构发放给注册地位于城市区域的企业用于支持农业产前、产中、产后的各环节，支持农村基础设施建设的各类特定用途的贷款，主要包括农田基本建设贷款、农产品加工贷款、农业生产资料制造贷款、农用物资和农副产品流通贷款、农业科技贷款、农村基础设施建设贷款。

农田基本建设贷款、农产品加工贷款、农业生产资料制造贷款、农用物资和农副产品流通贷款、农业科技贷款、农村基础设施建设贷款的定义见"（三）农村企业及各类组织贷款情况统计表"主表项目第（5）～（11）项填报说明。

（5）城市各类组织涉农贷款：填报机构发放给注册地位于城市区域的各类组织从事农、林、牧、渔业活动以及支持农业和农村发展的贷款。包括城市各类组织农林牧渔业贷款和城市各类组织支农贷款。

（6）城市各类组织农林牧渔业贷款：填报机构发放给注册地位于城市区域的各类组织从事农、林、牧、渔业活动的贷款。

本表农林牧渔业贷款的定义见"（一）农林牧渔业贷款情况统计表"填报说明。

（7）城市各类组织支农贷款：填报机构发放给注册地位于城市区域的各类组织用于支持农业产前、产中、产后的各环节，支持农村基础设施建设的各类特定用途的贷款，主要包括农田基本建设贷款、农产品加工贷款、农业生产资料制造贷款、农用物资和农副产品流通贷款、农业科技贷款、农村基础设施建设贷款等。

农田基本建设贷款、农产品加工贷款、农业生产资料制造贷款、农用物资和农副产品流通贷款、农业科技贷款、农村基础设施建设贷款的定义见"（三）农村企业及各类组织贷款情况统计表"主表项目第（5）～（11）项填报说明。

2. 附加项目。

城市企业及各类组织农业综合开发贷款：填报机构发放给注册地位于城市区域的企业及各类组织进行与财政农业综合开发专项资金配套的贷款。

农业综合开发的相关定义见"（三）农村企业及各类组织贷款情况统计表"附加项目说明。

3. 特别说明。

附加项目中的城市企业农业综合开发贷款与主表中的城市企业涉农贷款在内涵上存在一定程度的交叉、重合，因此作为附加项目统计列示，附加项目与主表之间没有统计核对关系。

如果填报机构的某笔贷款既属于城市企业涉农贷款，又属于城市企业农业综合开发贷款，该笔贷款在主表和附加项目中均要填报。

（五）涉农贷款汇总情况统计表

涉农贷款汇总情况统计表由农林牧渔业贷款情况统计表、农户贷款情况统计表、农村企业及各类组织贷款情况统计表、城市企业及各类组织涉农贷款情况统计表的数据汇总编制而成。

报表汇总关系：

1. 涉农贷款＝农村贷款＋城市企业及各类组织涉农贷款。

2. 农村贷款＝农户贷款＋农村企业及各类组织贷款。

3. 城市企业及各类组织涉农贷款＝城市企业及各类组织农林牧渔业贷款＋城市企业及各类组织支农贷款。

（六）各省（自治区、直辖市）农业产业化龙头企业信息统计表

1. 各类农业产业化龙头企业的认定遵从如下指标定义和判断原则：

农业产业化龙头企业：以农产品加工或流通为主业，通过各种利益连接机制与农户相联系，带动农户进入市场，使农产品生产、加工、销售有机结合、相互促进，在规模和经营指标上达到规定标准并经全国农业产业化联席会议或各级农业产业化工作主管部门认定的企业［详见《农业产业化国家重点龙头企业认定和运行监测管理暂行办法》（农经发〔2001〕4号文印发）］。

国家级龙头企业：经全国农业产业化联席会议认定，由农业部等九部门联合发文公布名单并颁发证书的企业。

省级龙头企业：由省、自治区、直辖市农业产业化工作主管部门认定的企业。

地市级龙头企业：由地市、自治州农业产业化工作主管部门认定的企业。

县级龙头企业：由区、县（含县级市）、自治县农业产业化工作主管部门认定的企业。

2. 企业名称：填写国家级、省级、地市级、县级农业产业化龙头企业的工商注册名称。

3. 企业组织机构代码：填写国家级、省级、地市级、县级农业产业化龙头企业的组织机构代码。

4. 企业贷款卡编码：填写国家级、省级、地市级、县级农业产业化龙头企业的贷款卡编码。

四、指标名称

人民币和外汇采用同一套指标名称。

1. 农林牧渔业贷款情况统计。

指标名称
农林牧渔业贷款
1. 农林牧渔业短期贷款
1.1.1 农业贷款
1.1.2 林业贷款
1.1.3 畜牧业贷款
1.1.4 渔业贷款
1.1.5 农林牧渔服务业贷款
1.2.1 正常贷款
1.2.1.1 正常类贷款
1.2.1.2 关注类贷款
1.2.2 不良贷款
1.2.2.1 次级类贷款
1.2.2.2 可疑类贷款
1.2.2.3 损失类贷款
2. 农林牧渔业中长期贷款
2.1.1 农业贷款
2.1.2 林业贷款
2.1.3 畜牧业贷款
2.1.4 渔业贷款
2.1.5 农林牧渔服务业贷款
2.2.1 正常贷款
2.2.1.1 正常类贷款
2.2.1.2 关注类贷款
2.2.2 不良贷款
2.2.2.1 次级类贷款
2.2.2.2 可疑类贷款
2.2.2.3 损失类贷款

2. 农户贷款情况统计。

指标名称
农户贷款
1. 农户短期贷款
1.1.1 农户生产经营贷款
1.1.1.1 农户农林牧渔业生产贷款
1.1.1.2 农户其他生产经营贷款
1.1.2 农户消费贷款
1.1.2.1 其中：助学贷款
1.2.1 信用贷款
1.2.1.1 其中：农户小额信用贷款
1.2.2 保证贷款
1.2.2.1 其中：农户联保贷款
1.2.3 抵押贷款
1.2.4 质押贷款
1.3.1 正常贷款
1.3.1.1 正常类贷款
1.3.1.2 关注类贷款
1.3.2 不良贷款
1.3.2.1 次级类贷款
1.3.2.2 可疑类贷款
1.3.2.3 损失类贷款
2. 农户中长期贷款
2.1.1 农户生产经营贷款
2.1.1.1 农户农林牧渔业生产贷款
2.1.1.2 农户其他生产经营贷款
2.1.2 农户消费贷款
2.1.2.1 其中：助学贷款
2.2.1 信用贷款
2.2.1.1 其中：农户小额信用贷款
2.2.2 保证贷款
2.2.2.1 其中：农户联保贷款
2.2.3 抵押贷款
2.2.4 质押贷款
2.3.1 正常贷款
2.3.1.1 正常类贷款
2.3.1.2 关注类贷款
2.3.2 不良贷款
2.3.2.1 次级类贷款
2.3.2.2 可疑类贷款
2.3.2.3 损失类贷款

3. 农村企业及各类组织贷款情况统计。

指标名称
农村企业及各类组织贷款
1. 农村企业及各类组织短期贷款
1.1.1 农村企业短期贷款
1.1.1.1 其中：农林牧渔业贷款
1.1.1.2 其中：支农贷款
1.1.1.2.1 农田基本建设贷款
1.1.1.2.2 农产品加工贷款
1.1.1.2.3 农业生产资料制造贷款
1.1.1.2.4 农用物资和农副产品流通贷款
1.1.1.2.4.1 其中：农产品出口贷款
1.1.1.2.5 农业科技贷款
1.1.1.2.6 农村基础设施建设贷款
1.1.2 农村各类组织短期贷款
1.1.2.1 其中：农林牧渔业贷款
1.1.2.2 其中：支农贷款
1.1.2.2.1 农田基本建设贷款
1.1.2.2.2 农产品加工贷款
1.1.2.2.3 农业生产资料制造贷款
1.1.2.2.4 农用物资和农副产品流通贷款
1.1.2.2.4.1 其中：农产品出口贷款
1.1.2.2.5 农业科技贷款
1.1.2.2.6 农村基础设施建设贷款
1.2.1 正常贷款
1.2.1.1 正常类贷款
1.2.1.2 关注类贷款
1.2.2 不良贷款
1.2.2.1 次级类贷款
1.2.2.2 可疑类贷款
1.2.2.3 损失类贷款
2. 农村企业及各类组织中长期贷款
2.1.1 农村企业中长期贷款

续表

指标名称
2.1.1.1 其中：农林牧渔业贷款
2.1.1.2 其中：支农贷款
2.1.1.2.1 农田基本建设贷款
2.1.1.2.2 农产品加工贷款
2.1.1.2.3 农业生产资料制造贷款
2.1.1.2.4 农用物资和农副产品流通贷款
2.1.1.2.4.1 其中：农产品出口贷款
2.1.1.2.5 农业科技贷款
2.1.1.2.6 农村基础设施建设贷款
2.1.2 农村各类组织中长期贷款
2.1.2.1 其中：农林牧渔业贷款
2.1.2.2 其中：支农贷款
2.1.2.2.1 农田基本建设贷款
2.1.2.2.2 农产品加工贷款
2.1.2.2.3 农业生产资料制造贷款
2.1.2.2.4 农用物资和农副产品流通贷款
2.1.2.2.4.1 其中：农产品出口贷款
2.1.2.2.5 农业科技贷款
2.1.2.2.6 农村基础设施建设贷款
2.2.1 正常贷款
2.2.1.1 正常类贷款
2.2.1.2 关注类贷款
2.2.2 不良贷款
2.2.2.1 次级类贷款
2.2.2.2 可疑类贷款
2.2.2.3 损失类贷款
附：农村中小企业贷款
农村中小企业短期贷款
农村中小企业中长期贷款
附：农村企业及各类组织农业综合开发贷款
农村企业及各类组织农业综合开发短期贷款

指标名称
农村企业及各类组织农业综合开发中长期贷款
附：扶贫贴息贷款
扶贫贴息短期贷款
单位扶贫贴息短期贷款
个人扶贫贴息短期贷款
扶贫贴息中长期贷款
单位扶贫贴息中长期贷款
个人扶贫贴息中长期贷款

4. 城市企业及各类组织涉农贷款情况统计。

指标名称
城市企业及各类组织涉农贷款
1. 城市企业及各类组织涉农短期贷款
1.1.1 城市企业涉农短期贷款
1.1.1.1 农林牧渔业贷款
1.1.1.2 支农贷款
1.1.1.2.1 农田基本建设贷款
1.1.1.2.2 农产品加工贷款
1.1.1.2.3 农业生产资料制造贷款
1.1.1.2.4 农用物资和农副产品流通贷款
1.1.1.2.4.1 其中：农产品出口贷款
1.1.1.2.5 农业科技贷款
1.1.1.2.6 农村基础设施建设贷款
1.1.2 城市各类组织涉农短期贷款
1.1.2.1 农林牧渔业贷款
1.1.2.2 支农贷款
1.1.2.2.1 农田基本建设贷款
1.1.2.2.2 农产品加工贷款
1.1.2.2.3 农业生产资料制造贷款
1.1.2.2.4 农用物资和农副产品流通贷款
1.1.2.2.4.1 其中：农产品出口贷款

指标名称
1.1.2.2.5 农业科技贷款
1.1.2.2.6 农村基础设施建设贷款
1.2.1 正常贷款
1.2.1.1 正常类贷款
1.2.1.2 关注类贷款
1.2.2 不良贷款
1.2.2.1 次级类贷款
1.2.2.2 可疑类贷款
1.2.2.3 损失类贷款
2. 城市企业及各类组织涉农中长期贷款
2.1.1 城市企业涉农中长期贷款
2.1.1.1 农林牧渔业贷款
2.1.1.2 支农贷款
2.1.1.2.1 农田基本建设贷款
2.1.1.2.2 农产品加工贷款
2.1.1.2.3 农业生产资料制造贷款
2.1.1.2.4 农用物资和农副产品流通贷款
2.1.1.2.4.1 其中：农产品出口贷款
2.1.1.2.5 农业科技贷款
2.1.1.2.6 农村基础设施建设贷款
2.1.2 城市各类组织涉农中长期贷款
2.1.2.1 农林牧渔业贷款
2.1.2.2 支农贷款
2.1.2.2.1 农田基本建设贷款
2.1.2.2.2 农产品加工贷款
2.1.2.2.3 农业生产资料制造贷款
2.1.2.2.4 农用物资和农副产品流通贷款
2.1.2.2.4.1 其中：农产品出口贷款
2.1.2.2.5 农业科技贷款
2.1.2.2.6 农村基础设施建设贷款
2.2.1 正常贷款

指标名称
2.2.1.1 正常类贷款
2.2.1.2 关注类贷款
2.2.2 不良贷款
2.2.2.1 次级类贷款
2.2.2.2 可疑类贷款
2.2.2.3 损失类贷款
附：城市企业及各类组织农业综合开发贷款
城市企业及各类组织农业综合开发短期贷款
城市企业及各类组织农业综合开发中长期贷款

5. 农业产业化龙头企业贷款情况统计。

指标名称
农业产业化龙头企业贷款
1. 农业产业化龙头企业短期贷款
国家级龙头企业短期贷款
省级龙头企业短期贷款
地市级龙头企业短期贷款
县级龙头企业短期贷款
2. 农业产业化龙头企业中长期贷款
国家级龙头企业中长期贷款
省级龙头企业中长期贷款
地市级龙头企业中长期贷款
县级龙头企业中长期贷款

中国人民银行调查统计司关于下发《涉农贷款专项统计制度》补充说明的通知

（银调发〔2008〕5 号）

人民银行上海总部调查统计研究部，各分行、营业管理部、省会（首府）城市中心支行调查统计处，各政策性银行、国有商业银行、股份制商业银行计划资金部（管理信息部、科技部、资产负债管理部、信息中心、财务部）、中国邮政储蓄银行经营发展部：

《中国人民银行　中国银行业监督管理委员会关于建立〈涉农贷款专项统计制度〉的通知》（银发〔2007〕246 号文）下发后，部分机构反映在执行中存在一些问题。为进一步明确部分指标的判定和执行标准，增设部分校验关系，调查统计司拟定了《涉农贷款专项统计制度》补充说明，现印发给你们，请遵照执行。

请人民银行上海总部调查统计研究部，各分行、营业管理部、省会（首府）城市中心支行调查统计处将本通知转发至辖内各城市商业银行、农村商业银行、城市信用社、农村信用社、农村合作银行、企业集团财务公司。

附件：《涉农贷款专项统计制度》补充说明

二〇〇八年一月十八日

附件

《涉农贷款专项统计制度》补充说明

一、现行《涉农贷款专项统计制度》执行中存在的问题

《涉农贷款专项统计制度》（以下简称《制度》）下发执行后，部分机构反映在执行中存在一些问题，如填报机构对部分指标在理解和执行上存在偏差，手工统计工作量大，数据准确性难以保证，校验关系与《制度》要求不一致等问题。

一是混淆"承贷主体所属行业"和"贷款实际用途"。按照《制度》要求，农林牧渔业贷款、支农贷款等指标应严格按照贷款的投向和实际用途进行分类和归属，而部分填报机构根据贷款承贷主体所属行业而不是按照贷款实际投向进行分类。

二是混淆"农林牧渔业贷款"与"支农贷款"。前者为承贷主体直接从事农业生产活动的贷款；后者指并不直接从事农业生产仅提供对农业产前、产中、产后等环节的支持，部分填报机构错误地将二者画等号，有的把应归入"支农贷款"的农产品加工贷款、农业生产资料制造贷款、农用物资及农副产品流通贷款等归入了农林牧渔业贷款，有的将应归入"农林牧渔业贷款"的归入了"支农贷款"。

三是混淆"农户"与"非农户"。填报机构对农户的认定口径不一。有的填报机构以户籍所在地为标准区分，将户籍地位于农村区域的居民户都视为农户，误将户籍在农村但长期居住在非农村区域的居民户以及户籍在农村的机关、团体、学校、企事业单位的集体户也计入农户，扩大了农户贷款统计范围；有的填报机构以所从事的行业为标准区分，即认为只有从事农业生产的居民户才算农户，错误剔除了农村个体工商户，缩小了农户贷款统计范围；还有的填报机构未剔除居住在城关镇行政管理区域内的住户或未将居住在城关镇所辖行政村范围内的住户纳入农户统计口径等。

四是混淆"农村区域"与"城市区域"。部分填报机构将注册地位于县及县级市城区的企业贷款排除在农村区域统计范围之外。还有部分位于地级市及市郊的填报机构对农村区域和城市区域界定不清，或将企业客户全部认定为农村企业（及各类组织），或全部认定为城市企业（及各类组织），未按《制度》执行。

五是混淆"农村企业贷款"和"农村企业涉农贷款"。"农村企业贷款"应填报发放给注册地位于农村区域的企业的所有贷款，一些填报机构只填报了农村企业的农林牧渔业贷款和支农贷款，除此之外的贷款未予填报。

六是混淆"农产品加工"与"其他加工"。《制度》规定农产品加工贷款中仅包含农副食品加工贷款、纺织加工贷款、木材加工贷款和中医药加工贷款四类贷款。有的填报机构将其他不属于上述四类的其他制造业贷款归入了农产品加工贷款。

七是手工统计工作量大，数据准确性难以保证。目前只有部分填报机构依据信贷管理系统编制涉农贷款统计报表，但由于填报时信贷管理系统中的贷款用途信息登记不规范或依据的是承贷主体所处行业信息，导致数据提取不准确；大部分填报机构主要依靠手工编制，大多指标数据需根据贷款台账（档案）逐笔手工统计，从基层网点逐级汇总上报。因部分贷款登记用途不明确或档案资料不全，部分填报机构存在简单按会计科目划分或匡估等人为因素。

二、明确几点原则

（一）对企业及各类组织贷款所属区域的判定

《制度》要求以注册地作为区分贷款所属区域的标准。对于企业贷款，"注册地"是指企业营业执照中登记的住所，对于各类组织贷款，应以各类组织所在地作为区域划分的标志。

（二）对区域的判定和统计对象的确认

《制度》规定，农村区域指除地级及以上城市的城市行政区及其市辖建制镇之外的区域。在统计农村企业及各类组织贷款时，注册地位于县及县级市城区的企业，和住所位于县及县级市城区的学校、医院等事业单位、机关团体以及居民委员会、村民委员会和基金会等组织单位均应纳入统计范围之内。

《制度》将城市区域定义为"地级及以上区域的城市行政区与市辖建制镇"，此处"城市行政区"是指按照国家统计局公布的最新全国行政区划代码中列示的地级以上城市的市辖区；对各类经济开发区、工业园区等行政管理区按照批准其设立的单位属于农村还是城市区域来确定；对于县改区后纳入"城市行政区"范围的区域，应界定为城市区域，不应主观判断其经济发达程度将其归属为农村区域。

（三）涉农贷款专项统计中的农林牧渔业贷款与月报中的农林牧渔业贷款二者之间不设任何校验关系

三、终止辅助类报表报送，增加人民银行季报

根据《制度》要求，人民银行上海总部，各分行、营业管理部、省会（首府）城市中心支行按季度向人民银行总行报送各省、自治区、直辖市农业产业化龙头企业信息表（辅助类报表），由总行据此从征信系统中查询各类农业产业化龙头企业贷款数据。经汇总，各类农业产业化龙头企业汇总信息达三万多条，总行每季度查询的工作量较大，反馈数据的时滞也较长，直接影响人民银行分支机构对该数据的使用。因此，今后改由人民银行地（市）中心支行调查统计部门承担从征信系统中查询数据的工作，并逐级上报总行，以分担部分工作量和缩短时滞，并在人民银行分支机构的调查统计部门中形成农业产业化龙头企业贷款的数据存储。

（一）终止辅助类报表报送

自 2008 年 1 月起，人民银行上海总部，各分行、营业管理部、省会（首府）城市中心支行调查统计处不再向人民银行总行调查统计司报送辅助类报表。

（二）增加人民银行季报指标

1. 统计指标。

指标名称
农业产业化龙头企业贷款
1. 农业产业化龙头企业短期贷款
国家级龙头企业短期贷款
省级龙头企业短期贷款
地市级龙头企业短期贷款
县级龙头企业短期贷款
2. 农业产业化龙头企业中长期贷款
国家级龙头企业中长期贷款
省级龙头企业中长期贷款
地市级龙头企业中长期贷款
县级龙头企业中长期贷款

2. 指标含义。

贷款口径：按照征信系统中的贷款和贴现口径查询汇总填报。

短期：指合同期限在 1 年以内（含 1 年）。

中长期：指合同期限大于 1 年。

业务币种：填报人民币、外币两类。人民币业务填报人民币业务余额，外汇业务填报外汇业务余额，币种为美元合计。

（三）人民银行季报报送要求

人民银行地（市）中心支行调查统计部门根据《制度》所述的各类农业产

业化龙头企业评定标准确定的农业产业化龙头企业范围确定辖内农业产业化龙头企业名单及其组织机构代码或者企业贷款卡编码，并据此从征信系统中查询汇总得到季报时点上辖内各农业产业化龙头企业所接受的全部金融机构各项贷款余额数据（即含异地贷款数据），填报人民银行季报。人民银行上海总部，各分行、营业管理部、省会（首府）城市中心支行汇总辖内人民银行季报数据后报送人民银行总行。

四、几点要求

（一）加强对《制度》的学习、培训

涉农贷款专项统计制度是实施不久的一项新制度，指标项目分类细、内容新，特别是涉农贷款涉及的金额大、笔数多，工作量非常大，需要认真学习才能更好地贯彻执行。各填报机构应加强纵向沟通，及时对分支机构统计人员展开培训，各级人民银行也要加强对辖内各填报机构的指导与督促，纠正《制度》执行上存在的问题，并及时做好《制度》的调整工作和监督管理工作，切实提高数据质量，确保涉农贷款专项统计制度的执行和落实。

（二）加强对《制度》的执行、跟踪和反馈

各填报机构应加深对《制度》的理解，并核查和及时调整校验关系，保持与《制度》及本通知增设校验关系的一致性；认真做好数据审核和报送，加强对《制度》执行情况的跟踪调查，对《制度》执行中存在的问题要及时反馈给人民银行调查统计司，以便于及时、统一采取相应措施，提高数据质量。

（三）提高电子化水平，减少主观判断，避免重复劳动和低效率付出

由于涉农贷款指标大部分数据来自填报机构的个人金融部、风险部和信贷部门等，受信贷管理系统电子化水平的局限较大。因此建议各填报机构从技术层面改善系统设置，解决系统问题，并开发系统转化接口，朝电子化方向发展，减少人力检索和归属，降低人为差错；改善信贷管理系统中与提取统计数据相关的信息设置，尤其要严格规范贷款用途信息的确认和登记，从源头上保证信息的准确归集。

2011 年涉农贷款专项统计制度修订内容

为了进一步完善涉农贷款专项统计制度，满足社会各方对涉农贷款数据的需求，《中国人民银行关于 2011 年中资金融机构金融统计制度有关事项的通知》（银发〔2011〕7 号）中对涉农贷款专项统计制度进行了修订。修订的内容如下：

一、增设涉农贷款专项统计季报指标

为进一步完善涉农贷款专项统计制度，满足各方面统计需求，2011 年对涉农贷款专项统计季报中的农林牧渔业贷款情况统计表和农村企业及各类组织贷款情况统计表内容进行修订，增设"非农户个人农林牧渔业贷款"和"农民专业合作社贷款"统计指标。

（一）统计指标

1. 农林牧渔业贷款情况统计表中增设"其中：非农户个人农林牧渔业贷款"统计指标。反映非农户个人用于 A 门类（农、林、牧、渔业）所属活动的所有贷款。

2. 农村企业及各类组织贷款情况统计表中增设"其中：农民专业合作社贷款"统计指标。反映发放给农民专业合作社的贷款。

具体指标情况如下：

指标名称
农林牧渔业贷款
1. 农林牧渔业短期贷款
其中：非农户个人农林牧渔业短期贷款
2. 农林牧渔业中长期贷款
其中：非农户个人农林牧渔业中长期贷款
农村企业及各类组织贷款
1. 农村各类组织短期贷款
其中：农民专业合作社短期贷款
2. 农村各类组织中长期贷款
其中：农民专业合作社中长期贷款

（二）主要指标解释

非农户个人农林牧渔业贷款：是指填报机构发放给非农户个人用于 A 门类（农、林、牧、渔业）所属活动的所有贷款。

农民专业合作社贷款：是指填报机构发放给农民专业合作社的贷款。农民专业合作社的界定遵照《中华人民共和国农民专业合作社法》执行。

二、合并涉农贷款专项统计季报表单

为提高统计数据报送的科学性，2011 年涉农贷款季报表单合一。终止 A1320、A1321、A1322、A1323、A2320、A2321、A2322 和 A2323 八张涉农贷款季报表单，启用涉农贷款统计表表单 A1333/A2333，用于报送所有的涉农贷款专项统计季报指标，指标编码不变。

三、新增《涉农贷款月报简报》表单

为进一步完善涉农贷款专项统计制度，提高涉农贷款统计的时效性，增设《涉农贷款月报简报》表单（表单代码：A1433/A2433），业务类分别为人民币、外币，币种分别为人民币、美元合计，随同月报第二批次表单报送，报送机构与涉农贷款专项统计季报的机构范围一致，报送层级为县级及以上。

（一）统计指标

指标名称
1. 涉农贷款
2. 农林牧渔业贷款
其中：非农户个人农林牧渔业贷款
3. 农户贷款
其中：农户农林牧渔业贷款
农户消费贷款
4. 农村企业及各类组织贷款
农村企业贷款
其中：农村企业农林牧渔业贷款
农村各类组织贷款
其中：农村各类组织农林牧渔业贷款
5. 城市企业及各类组织涉农贷款
城市企业涉农贷款
其中：城市企业农林牧渔业贷款
城市各类组织涉农贷款

（二）主要指标解释

非农户个人农林牧渔业贷款：是指非农户个人用于 A 门类（农、林、牧、渔业）所属活动的所有贷款。

其他统计指标解释与《中国人民银行　中国银行业监督管理委员会关于建立〈涉农贷款专项统计制度〉的通知》（银发〔2007〕246 号）和《中国人民银行调查统计司关于下发〈涉农贷款专项统计制度〉补充说明的通知》（银调发〔2008〕5 号）一致。

二、县域金融有关扶持政策

（一）货币政策方面

中国人民银行关于完善支农再贷款管理支持春耕备耕扩大"三农"信贷投放的通知

（银发〔2009〕38 号）

中国人民银行上海总部，各分行、营业管理部、省会（首府）城市中心支行，深圳市中心支行：

为贯彻落实中央经济工作会议和中央农村工作会议精神，执行适度宽松的货币政策，有效发挥支农再贷款政策的引导作用，支持春耕备耕，扩大"三农"信贷投放，促进改善县域和农村金融服务，现就完善支农再贷款管理的有关问题通知如下：

一、安排增加支农再贷款额度

经国务院批准，人民银行自 1999 年开办支农再贷款业务以来，共计安排支农再贷款额度 1392 亿元，各分支机构累计发放支农再贷款 1.2 万亿元，用于支持全国农村信用社发放农户贷款。支农再贷款政策的实施，对引导扩大涉农信贷投放、促进改善农村金融服务发挥了积极作用。同时，必须看到，当前农村金融改革与发展相对滞后，城乡金融资源配置不平衡，涉农资金投入以及农村金融服务体系、方式和水平与全面加强"三农"工作和社会主义新农村建设的总体要求仍不相适应，农民和县域贷款难问题仍比较突出。各分支机构要通过管好用好支农再贷款，及时有效地发挥这一政策措施的引导作用，支持扩大"三农"信贷投放，促进改善农村金融服务。对安排春耕备耕和扩大涉农信贷投放资金不足的县域和村镇金融机构法人，人民银行当地分支机构要按规定条件和程序及时给予再贷款支持。为此，总行决定，在 2009 年春耕旺季，对西部地区和粮食主产区安排增加支农再贷款额度 100 亿元。同时，各分支机构要进一步加大辖内支农再贷款额度的调剂力度，重点支持涉农投放比例高、资金相对不足的金融机构法人增强贷款能力，以优化支农再贷款的地区分布，提高使用效率。各分支机构要加强辖内春耕备耕和涉农信贷投放的资金需求预测，现有支农再贷款额度不足的，可按程序向总行申请追加。

二、适当调整支农再贷款对象和用途

总行决定，自本通知下发之日起，将支农再贷款的对象由农村信用社扩大到农村合作银行、农村商业银行，以及村镇银行等设立在县域和村镇的存款类金融机构法人。同时，适当调整支农再贷款用途，上述设立在县域和村镇的存款类金融机构法人发放农户贷款以及其他涉农贷款资金不足的，均可按照规定条件和程序向人民银行当地分支机构申请支农再贷款。各分支机构要加强对辖内支农再贷款的管理、合规使用及其政策效果的监测考核，并按年向总行专题报告辖内支农再贷款业务情况。

三、完善支农再贷款期限和台账管理

总行对各分支机构，以及各分支机构对辖内下级行下达支农再贷款额度时，原则上不规定期限，允许跨年度周转使用。各分支机构对辖内符合条件的相关金融机构发放支农再贷款的合同期限最长为 1 年；根据实际合理需要，经借款人申请可办理展期，展期期限累计不得超过 2 年；每笔支农再贷款的实际借用期限最长不得超过 3 年。各分支机构要在严格执行支农再贷款期限管理规定的同时，根据当地农业生产周期和借款人的资产负债期限结构，合理确定支农再贷款发放的时机、额度和借用期限。要进一步改进支农再贷款台账管理。各分支机构应按再贷款管理信息系统要求逐笔登记支农再贷款发放和收回情况，并据此设立支农再贷款台账；借款人应按照会计和信贷管理要求逐笔登记涉农贷款发放和收回情况，不再要求其另行单独设立以支农再贷款为资金来源所发放农户贷款的明细台账。

四、进一步明确申请支农再贷款的条件

申请支农再贷款的金融机构应符合以下条件：为设立在县域和村镇的存款类金融机构法人；在人民银行当地分支机构设立存款准备金账户，并按规定比例足额缴存法定存款准备金；坚持支农服务方向，期末各项贷款中涉农贷款比例不低于70%；内部管理健全，资本充足率、资产质量和经营财务状况良好或趋于改善。同时，各分支机构要根据辖内实际情况，按其期末资本金、净资产、存款或者贷款总额的一定比例，对单个借款人发放支农再贷款的期末余额实行总量控制，以维护再贷款资产安全，并督促借款人坚持市场筹资。对首次申请支农再贷款的借款人，尤其是存款类新型农村金融机构，各分支行要对其产权结构、法人治理、内部管理及经营稳健状况进行全面评估，并将有关情况报总行备案。

五、切实加强支农再贷款政策宣传

支农再贷款是对县域和村镇存款类金融机构法人发放涉农贷款资金不足提供的流动性支持，是支持改善农村金融服务的政策措施，但不是政策性贷款。各分支机构应积极做好支农再贷款政策的宣传解释工作，引导各有关方面正确认识和理解支农再贷款的性质和政策含义。借款人发放涉农贷款的对象、期限、利率、额度和条件，由其按照市场原则自主确定，并自担风险。借款人借用支农再贷款，必须按规定条件和程序申请，按规定用途使用，按借款合同约定到期归还。各分支机构要加强对借款人资本充足、资产质量、经营财务状况的动态监测，切实维护中央银行债权和资产安全。

二〇〇九年二月六日

中国人民银行关于完善再贴现业务管理支持扩大"三农"和中小企业融资的通知

（银发〔2008〕385号）

中国人民银行上海总部，各分行、营业管理部、省会（首府）城市中心支行：

为贯彻落实中央经济工作会议精神，实施适度宽松的货币政策，支持增加"三农"信贷投放，扩大中小企业融资，促进改善融资结构和融资方式，现就进一步完善再贴现业务管理的有关事项通知如下：

一、注重发挥再贴现窗口引导票据融资业务发展的职能作用

近年来，以银行承兑汇票为主体的票据融资业务发展较快，市场规模逐步扩大。2008年前11个月，票据承兑、贴现融资合计18万亿元，相当于同期银行间债券市场交易总量的20%；期末票据承兑、贴现的未到期金额为5万亿元，同比增长28%。总体来看，发展票据融资对拓宽企业融资渠道，尤其是对扩大中小企业和下游弱势企业的融资支持，具有独特作用。各分支机构要进一步加强对辖内票据融资的监测与分析，切实采取推广使用商业汇票的具体措施，合理引导辖内金融机构稳步扩大票据承兑授信和贴现融资业务，积极支持通过票据融资促进改善企业融资结构与方式。各分支机构可结合辖内实际适当增加再贴现转授权窗口，并在完善内部管理的基础上适当扩大其业务授权，以便于金融机构尤其是当地中小金融机构法人申请办理再贴现；适当扩大再贴现的对象和机构范围，各分支机构可受理辖内城乡信用社、存款类外资金融机构法人、存款类新型农村金融机构，以及具有票据贴现业务资格的企业集团财务公司等非银行金融机构的再贴现申请；对各分支机构所办理再贴现的总量、期限和投向比例，不再实行量化考核。

二、注重运用再贴现推广使用商业承兑汇票，促进商业信用票据化

现阶段，促进票据市场健康可持续发展，关键在于商业承兑汇票的推广使用上要有所突破，逐步改变长期以来票据融资工具单一、过度依赖银行信用、票据风险过度集中于承兑银行的状况，着力引导银行信用与商业信用的有机结合，真正实现商业信用票据化。各分支机构要高度重视商业承兑汇票的推广使用，充分认识在市场环境急剧变化的情况下，通过推广使用商业承兑汇票发展票据融资，对企业衔接产销关系、丰富支付手段、拓宽融资渠道和扩大市场需求具有重要作用。要把推广使用商业承兑汇票作为深化票据市场、扩大企业融资、提升金融服务水平的一项重要措施。各分支机构要对已贴现商业承兑汇票优先给予再贴现；要在辖内组织开展社会信用环境和企业资信情况摸底调查，并在此基础上制定推广使用商业承兑汇票的工作方案和实施步骤；要先易后难、有序推进，在产销关系紧密的上下游企业间，以及行业龙头企业与配套中小企业间率先推广使用商业承兑汇票，发挥业务示范带动作用；要引导辖内金融机构进一步转变经营观念、增强服务意识，通过对合格商业承兑汇票及时给予贴现支持等助推企业商业信用的具体措施，提高其信用保障程度，促进银行信用与商业信用协调发展，实现银企双赢。

三、注重通过再贴现引导信贷投向，促进扩大涉农行业和中小企业融资

各分支机构要在业务审查和操作环节，通过票据选择明确再贴现支持的重点，合理引导资金流向和信贷投向，促进扩大涉农行业和中小企业融资。现阶段，各分支机构要对下列已贴现票据优先办理再贴现：商业承兑汇票；农副产品收购、储运、加工、销售环节的票据；农业生产资料生产经营企业签发、收受的票据；县域企业签发、收受的票据；县域金融机构和中小金融机构法人承兑、持有的票据。对于各分支机构对以上票据再贴现所占辖内再贴现总量的比例，总行将进行监测考核。

四、进一步明确再贴现方式，提高业务效率

各分支机构可采取买断和质押回购两种方式办理再贴现业务。以买断方式办理再贴现的，必须严格按照支付结算制度的有关规定办理再贴现票款的到期收回手续，不得以其他方式要求再贴现申请人办理票款到期收回。质押回购式再贴现应主要由设立在各分支机构本级的授权窗口集中办理；辖内部分票据业务集中的转授权窗口确需以质押回购方式办理再贴现的，须履行报批程序另行授权；办理的对象应主要限于金融机构法人及其单独设立的票据专营机构；对申请办理质押回购再贴现的金融机构，各分支机构要对其经营状况、资信能力、流动性情况等加强监测考核。各分支机构要进一步规范质押回购式再贴现的业务程序，依据相关法律、规章，拟定辖内统一使用的票据质押合同文本，明确业务双方的权利、义务和法律责任，并于2009年1月31日前向总行报备该合同文本。

此前有关再贴现业务的管理规定与本通知不一致的，以本通知为准。

请各分支机构将本通知转发至辖内具有办理票据贴现业务资格的金融机构法人。

二〇〇八年十二月二十六日

（二）财政政策方面

财政部关于印发《财政县域金融机构涉农贷款增量奖励资金管理暂行办法》的通知

（财金〔2009〕30号）

黑龙江、山东、河南、湖南、新疆、云南省（自治区）财政厅，财政部驻黑龙江、山东、河南、湖南、新疆、云南省（自治区）财政监察专员办事处：

现将《财政县域金融机构涉农贷款增量奖励资金管理暂行办法》印发给你们，请遵照执行。为及时办理审核拨付手续，请于6月10日前将2009年奖励资金申请材料报我部（金融司）。奖励资金审核以县域金融机构2008年末涉农贷款余额同比增幅为依据。

附件：财政县域金融机构涉农贷款增量奖励资金管理暂行办法

财政部

二〇〇九年四月二十二日

附件

财政县域金融机构涉农贷款增量
奖励资金管理暂行办法

第一章　总　则

第一条　为了加强和规范县域金融机构涉农贷款增量奖励资金（以下简称奖励资金）管理，建立和完善财政促进金融支农长效机制，支持"三农"发展，根据国家有关政策和规定，制定本办法。

第二条　本办法所称县域金融机构涉农贷款增量奖励，是指财政部门对上年涉农贷款平均余额增长幅度超过一定比例，且贷款质量符合规定条件的县域金融机构，对余额超增的部分给予一定比例的奖励。

本办法所称县域金融机构，是指县（含县级市，不含县级区，下同）辖区域内具有法人资格的金融机构（以下简称法人金融机构）和其他金融机构（不含农业发展银行，下同）在县及县以下的分支机构（以下简称金融分支机构）。

本办法所称涉农贷款，是指县域金融机构发放的，支持农业生产、农村建设和农民生产生活的贷款。具体统计口径以《中国人民银行　中国银行业监督管理委员会关于建立〈涉农贷款专项统计制度〉的通知》（银发〔2007〕246号）规定为准。

本办法所称涉农贷款平均余额，是指县域金融机构该年度每季度末涉农贷款余额的算术平均值。

第三条　县域金融机构涉农贷款增量奖励工作遵循政府引导、市场运作、风险可控、管理到位的基本原则。

政府引导，是指财政部门建立奖励机制，发挥财政资金的杠杆作用，引导和激励县域金融机构加大涉农信贷投放，支持农业发展。

市场运作，是指涉农贷款发放工作遵循市场规律，金融机构自主决策，自担风险。

风险可控，是指县域金融机构在增加涉农贷款投放的同时，应当加强风险管理，降低不良贷款率，有效控制风险。

管理到位，是指财政部门规范奖励资金的预决算管理，严格审核，及时拨付，加强监督检查，保证资金安全和政策实施效果。

第二章　奖励条件和比例

第四条　财政部门对县域金融机构上年涉农贷款平均余额同比增长超过15％的部分，按2％的比例给予奖励。对上年末不良贷款率同比上升的县域金融机构，不予奖励。

第五条　奖励资金由中央和地方财政分担。东部、中部、西部地区，中央与地方财政分担比例分别为3∶7，5∶5，7∶3。东部、中部、西部地区划分标准按照《关于明确东中西部地区划分的意见》（财办预〔2005〕5号）规定执行。地方财政分担的奖励资金，由省级财政部门统筹确定地方各级财政分担比例。

第六条　财政部可以根据奖励政策实施效果和中央地方财力情况，适时调整实施奖励政策的地区范围、奖励标准、奖励比例和中央与地方分担奖励资金的比例。

第七条　奖励资金纳入县域金融机构当年收入核算。

第三章　奖励资金的预算管理

第八条　中央和地方财政部门根据县域金融机构当年贷款平均余额增量预测和规定的奖励标准，安排专项奖励资金，分别列入下一年度中央和地方财政预算。

第九条　财政部每年向省级财政部门拨付奖励资金，地方各级财政部门按规定转拨，由县级财政部门向县域金融机构据实拨付。

第十条　各级财政部门根据国家关于财政资金管理的规定，做好奖励资金的决算。

省级财政部门应当于拨付奖励资金后，及时编制奖励资金决算，经财政部驻当地财政监察专员办事处（以下简称专员办）审核后，于财政部拨付奖励资金后 3 个月内报财政部。

第四章 奖励资金申请、审核和拨付

第十一条 县域金融机构按年向县级财政部门申请奖励资金。

第十二条 县域金融机构按照国家财务会计制度、中国人民银行和中国银行业监督管理委员会规定的涉农贷款统计口径和财政部规定的奖励比例，计算涉农贷款平均余额增量和相应的奖励资金，向县级财政部门提出申请。

第十三条 奖励资金申请、审核和拨付，按以下程序办理：

（一）县域金融机构应当于每年 2 月 20 日前，向县级财政部门报送当年奖励资金申请书及相关材料。奖励资金申请书及相关材料应当反映上年涉农贷款平均余额、同比增幅、上年末不良贷款率变动情况、可予奖励贷款增量、申请奖励资金金额等信息。金融分支机构以县级分支机构为单位汇总报送。不符合奖励条件的县域金融机构，也应向县级财政部门报送上年涉农贷款情况表，反映上年涉农贷款平均余额、同比增幅、上年末不良贷款率变动情况等数据。

（二）县级财政部门收到县域金融机构的奖励资金申请书及相关材料后，在 10 个工作日内出具审核意见。

（三）县级财政部门向省级财政部门报送奖励资金申请材料。申请材料包括县域金融机构的奖励资金申请书及相关材料、涉农贷款发放和奖励资金情况表和县级财政部门审核意见等。

（四）省级财政部门对奖励资金申请材料进行审核汇总后，送专员办审核。

（五）专员办收到省级财政部门的奖励资金申请材料后，在 10 个工作日内出具审核意见并送省级财政部门。

（六）省级财政部门在 4 月 30 日之前向财政部报送奖励资金申请材料，包括本省和各县涉农贷款发放和奖励资金情况表，并附专员办审核意见。

（七）财政部审核后，据实向省级财政部门拨付奖励资金。

（八）省级财政部门收到财政部拨付的奖励资金后，在 10 个工作日内转拨资金。

（九）县级财政部门收到奖励资金后，在 10 个工作日内将奖励资金拨付给县域金融机构。

（十）对法人金融机构，县级财政部门直接将奖励资金拨付给该机构；对金融分支机构，县级财政部门将奖励资金拨付给该机构的县级分支机构。

第五章　监督管理和法律责任

第十四条　法人金融机构应当如实统计和上报涉农贷款发放情况。其他金融机构应当加强对所属分支机构的监管，县级分支机构应当如实统计和汇总上报县级及以下分支机构涉农贷款发放情况。

第十五条　各级财政部门对辖区内县域金融机构涉农贷款增量奖励的审核工作进行指导，做好奖励审核拨付的组织和协调工作，并会同有关部门对奖励审核拨付工作进行检查，对检查中发现的问题及时处理和反映，保证财政奖励政策落到实处。

第十六条　专员办对辖区内县域金融机构涉农贷款情况认真审核，出具意见作为中央和省级财政部门审核拨付奖励资金的依据。

专员办应当加强对奖励资金拨付和使用的检查监督，规范审核拨付程序，确保奖励资金专项使用。

第十七条　财政部不定期对奖励资金审核拨付工作进行监督检查，对奖励资金的使用情况和效果进行评价。

第十八条　县域金融机构虚报材料，骗取奖励资金的，财政部门应当追回奖励资金，取消县域金融机构获得奖励的资格，并根据《财政违法行为处罚处分条例》规定对有关单位和责任人员进行处罚。

第十九条　地方各级财政部门和专员办未认真履行审核职责，导致金融机构虚报材料骗取奖励资金，或者挪用奖励资金的，上级财政部门应当责令改正，追回已拨资金，并按《财政违法行为处罚处分条例》规定对有关单位和责任人员进行处罚。

第六章　附　则

第二十条　各省、自治区、直辖市、计划单列市财政部门可根据当地情况制定奖励资金管理细则。

第二十一条　本办法自印发之日起施行。

财政部关于印发《中央财政农村金融机构定向费用补贴资金管理暂行办法》的通知

（财金〔2010〕42号）

各省、自治区、直辖市、计划单列市财政厅（局），新疆生产建设兵团财务局，财政部驻各省、自治区、直辖市、计划单列市财政监察专员办事处：

为了落实《中共中央 国务院关于加大统筹城乡发展力度 进一步夯实农业农村发展基础的若干意见》（中发〔2010〕1号）精神，提高农村金融服务覆盖率，财政部2010年扩大了农村金融机构定向费用补贴政策范围。现印发《中央财政农村金融机构定向费用补贴资金管理暂行办法》，请遵照执行。

附件：中央财政农村金融机构定向费用补贴资金管理暂行办法

财政部

二〇一〇年五月十八日

附件

中央财政农村金融机构定向费用
补贴资金管理暂行办法

第一章 总 则

第一条 为了加强和规范农村金融机构定向费用补贴资金（以下简称补贴资金）管理，支持金融机构主动填补农村金融服务空白，稳步扩大农村金融服务的覆盖面，促进农村金融服务体系建设，根据国家有关政策和规定，制定本办法。

第二条 符合规定条件的新型农村金融机构和基础金融服务薄弱地区的银行业金融机构（网点），可以按照本办法的规定享受中央财政按照贷款平均余额一定比例给予的定向费用补贴。

本办法所称新型农村金融机构，是指经中国银行业监督管理委员会（以下简称银监会）批准设立的村镇银行、贷款公司、农村资金互助社三类农村金融机构。

本办法所称基础金融服务薄弱地区，是指根据银监会统计和认定所确定的西部偏远地区乡（镇），由财政部另行发布。

本办法所称贷款平均余额，是指金融机构（网点）该年度每季度末贷款余额的平均值，即每季度末贷款余额之和除以季度数。具体统计口径以《中国人民银行金融统计制度》及相关规定为准。如果金融机构（网点）为当年新设，则贷款平均余额为其设立之日起的每季度末贷款余额的平均值。

第三条　农村金融机构定向费用补贴工作遵循政府扶持、商业运作、风险可控、管理到位的基本原则。

政府扶持，是指财政部建立定向费用补贴制度，促进金融机构加大支农力度，实现持续发展。

商业运作，是指金融机构按商业经营规律，自主决策、自担风险、自负盈亏。

风险可控，是指金融机构在加大贷款投放的同时，应当加强内部管理，改善经营指标，控制相关风险。

管理到位，是指财政部门规范补贴资金管理，严格审核，及时拨付，加强监督检查，保证资金安全和政策实施效果。

第四条　地方财政部门可以根据本地区实际情况，安排地方补贴资金，加大补贴政策力度，更好地促进农村金融发展。

第二章　补贴条件和标准

第五条　中央财政对当年贷款平均余额同比增长且达到银监会监管指标要求的贷款公司和农村资金互助社，当年贷款平均余额同比增长、年末存贷比高于50%且达到银监会监管指标要求的村镇银行，按其当年贷款平均余额的2%给予补贴。

第六条　中央财政对基础金融服务薄弱地区的银行业金融机构（网点），按其当年贷款平均余额的2%给予补贴。新型农村金融机构不重复享受补贴。

第七条　补贴资金于下一年度拨付，纳入金融机构收入核算。

第三章　补贴资金预算管理

第八条　财政部根据全国金融机构当年贷款平均余额预测和规定的补贴标准，安排专项补贴资金，列入下一年度中央财政预算。

第九条　财政部每年向省级财政部门拨付补贴资金，各级财政部门应当按规定转拨，由县级财政部门向金融机构拨付。

第十条　各级财政部门应当根据国家关于财政资金管理的规定，做好补贴资金的预算管理工作。省级财政部门应当于拨付补贴资金后，及时编制补贴资金的审核、拨付和使用报告，经财政部驻当地财政监察专员办事处（以下简称专员办）审核后，于财政部拨付补贴资金后3个月内报财政部。

第四章　补贴资金申请、审核和拨付

第十一条　金融机构按年向县级财政部门申请补贴资金。

第十二条　金融机构按照国家财务会计制度和财政部规定的补贴比例，计算贷款平均余额和相应的补贴资金，向县级财政部门提出申请。在县域内具有法人资格的金融机构，以金融机构法人为单位申请；其他金融机构在县及县以下的分支机构，以县级分支机构为单位汇总申请。

第十三条　补贴资金申请、审核和拨付，按以下程序办理：

（一）金融机构应当于下一年度2月20日前，向县级财政部门报送补贴资金申请书及相关材料。

新型农村金融机构的补贴资金申请书及相关材料应当反映当年贷款发放额、当年贷款平均余额、同比增幅、申请补贴资金金额、村镇银行年末存贷比等数据，并对自身是否达到银监会监管要求等情况进行说明。不符合补贴条件的新型农村金融机构，应当向县级财政部门报送贷款情况表，包括当年贷款平均余额、同比增幅情况，作为今后财政部门审核拨付补贴资金的依据。

基础金融服务薄弱地区金融机构的补贴资金申请书及相关材料应当反映本机构在基础金融服务薄弱地区各网点的当年贷款发放额、当年贷款平均余额、同比增幅、申请补贴资金金额等数据，并附银行业监管部门对该机构在当地设立网点的批复。

（二）县级财政部门收到金融机构的补贴资金申请材料后，在10个工作日内出具审核意见。

（三）县级财政部门向省级财政部门报送补贴资金申请材料，包括金融机构的补贴资金申请书及相关材料、本县贷款发放和补贴资金情况表和县级财政部门审核意见等。

（四）省级财政部门对补贴资金申请材料进行审核汇总后，送专员办审核。

（五）专员办收到省级财政部门的补贴资金申请材料后，在 20 个工作日内出具审核意见并送省级财政部门。

（六）省级财政部门在 4 月 30 日之前向财政部报送补贴资金申请材料，包括本省和各县贷款发放和补贴情况表，并附专员办审核意见。

（七）财政部审核后，据实向省级财政部门拨付补贴资金。

（八）省级财政部门收到财政部拨付的补贴资金后，在 10 个工作日内转拨资金。

（九）县级财政部门收到补贴资金后，在 10 个工作日内将补贴资金支付给金融机构。

第五章　监督管理和法律责任

第十四条　金融机构应当严格执行国家金融企业财务制度，认真如实统计和上报本机构贷款发放和余额情况。每季度终了后 10 个工作日内，金融机构应当向县级财政部门报送本机构该季度贷款发放额和季度末余额等数据，作为财政部门审核拨付补贴资金的依据。

第十五条　地方各级财政部门对行政区域内金融机构的补贴申请工作进行指导，做好补贴资金审核拨付的组织和协调工作，并会同有关部门对补贴资金审核拨付工作进行检查，对检查中发现的问题及时处理和反映，保证财政补贴政策落到实处。

第十六条　专员办对辖区内金融机构贷款和各项监管指标完成情况认真审核，出具意见作为中央和省级财政部门审核拨付补贴资金的依据。专员办应当加强对补贴资金拨付和使用的监督检查，规范审核拨付程序，保证补贴资金专项使用。

第十七条　财政部不定期对补贴资金进行监督检查，对补贴资金的使用情况和效果进行评价，作为调整政策的依据之一。

第十八条 金融机构虚报材料，骗取财政补贴资金的，财政部门应当追回补贴资金，取消金融机构获得补贴的资格，并根据《财政违法行为处罚处分条例》进行处罚。

第十九条 金融机构不执行国家金融企业财务制度和不按时报送相关数据的，地方财政部门可根据具体情况，拒绝出具补贴资金审核意见。

第二十条 财政部门和专员办未认真履行审核职责，导致金融机构虚报材料骗取补贴资金，或者挪用补贴资金的，上级财政部门应当责令改正，追回已拨资金，并根据《财政违法行为处罚处分条例》对有关单位和责任人员进行处罚。

第六章 附 则

第二十一条 各省、自治区、直辖市、计划单列市财政部门可根据当地情况制定补贴资金管理细则，报财政部备案。

第二十二条 本办法自印发之日起施行。

（三）税收政策方面

财政部 国家税务总局关于农村
金融有关税收政策的通知

（财税〔2010〕4号）

各省、自治区、直辖市、计划单列市财政厅（局）、国家税务局、地方税务局、新疆生产建设兵团财务局：

为支持农村金融发展，解决农民贷款难问题，经国务院批准，现就农村金融有关税收政策通知如下：

一、自2009年1月1日至2013年12月31日，对金融机构农户小额贷款的利息收入，免征营业税。

二、自2009年1月1日至2013年12月31日，对金融机构农户小额贷款的利息收入在计算应纳税所得额时，按90%计入收入总额。

三、自2009年1月1日至2011年12月31日，对农村信用社、村镇银行、农村资金互助社、由银行业机构全资发起设立的贷款公司、法人机构所在地在县（含县级市、区、旗）及县以下地区的农村合作银行和农村商业银行的金融保险业收入减按3%的税率征收营业税。

四、自2009年1月1日至2013年12月31日，对保险公司为种植业、养殖业提供保险业务取得的保费收入，在计算应纳税所得额时，按90%比例减计收入。

五、本通知所称农户，是指长期（一年以上）居住在乡镇（不包括城关镇）行政管理区域内的住户，还包括长期居住在城关镇所辖行政村范围内的住户和户口不在本地而在本地居住一年以上的住户，国有农场的职工和农村个体工商户。位于乡镇（不包括城关镇）行政管理区域内和在城关镇所辖行政村范围内的国有经济的机关、团体、学校、企事业单位的集体户；有本地户口，但举家外出谋生一年以上的住户，无论是否保留承包耕地均不属于农户。农户以户为统计单位，既可以从事农业生产经营，也可以从事非农业生产经营。农户贷款的判定应以贷款发放时的承贷主体是否属于农户为准。

本通知所称小额贷款，是指单笔且该户贷款余额总额在5万元以下（含5万元）的贷款。

本通知所称村镇银行，是指经中国银行业监督管理委员会依据有关法律、法规批准，由境内外金融机构、境内非金融机构企业法人、境内自然人出资，在农村地区设立的主要为当地农民、农业和农村经济发展提供金融服务的银行业金融机构。

本通知所称农村资金互助社，是指经银行业监督管理机构批准，由乡（镇）、行政村民和农村小企业自愿入股组成，为社员提供存款、贷款、结算等业务的社区互助性银行业金融机构。

本通知所称由银行业机构全资发起设立的贷款公司，是指经中国银行业监督管理委员会依据有关法律、法规批准，由境内商业银行或农村合作银行在农村地区设立的专门为县域农民、农业和农村经济发展提供贷款服务的非银行业金融机构。

本通知所称县（县级市、区、旗），不包括市（含直辖市、地级市）所辖城区。

本通知所称保费收入，是指原保险保费收入加上分保费收入减去分出保费后的余额。

六、金融机构应对符合条件的农户小额贷款利息收入进行单独核算,不能单独核算的不得适用本通知第一条、第二条规定的优惠政策。

七、适用暂免或减半征收企业所得税优惠政策至 2009 年末的农村信用社执行现有政策到期后,再执行本通知第二条规定的企业所得税优惠政策。

八、适用本通知第一条、第三条规定的营业税优惠政策的金融机构,自 2009 年 1 月 1 日至发文之日应予免征或者减征的营业税税款,在以后的应纳营业税税额中抵减或者予以退税。

九、《财政部 国家税务总局关于试点地区农村信用社税收政策的通知》(财税〔2004〕35 号)第二条、《财政部 国家税务总局关于进一步扩大试点地区农村信用社有关税收政策问题的通知》(财税〔2004〕177 号)第二条规定自 2009 年 1 月 1 日起停止执行。

请遵照执行。

财政部 国家税务总局
二〇一〇年五月十三日

后　　记

在各方的大力配合和支持下，经过编写组同志的认真研讨和起草修订，《"三农"贷款与县域金融统计》终于出版付印了。

本书的第一部分肇始于人民银行12家分支行（沈阳、南京、济南、武汉、成都分行，长春、哈尔滨、合肥、郑州、长沙、昆明、乌鲁木齐中心支行）轮流撰写的《涉农贷款统计概览》。这是自2008年起调查统计司组织对涉农贷款数据开展研究、创新报告形式的有益探索。几年来，人民银行分支行认真挖掘数据变动特点和规律，开展有特色的调查，按季度向总行报告涉农贷款及相关领域的新变化，为有关政策决策提供了重要参考。这样的资料对关心涉农信贷投入的广大读者也具有参考价值。因此，编者首先考虑将其收纳书中，并请济南分行调查统计处撰写更新了概览，与社会各界共享研究成果。

县域法人金融机构考核从政策研究出台到组织实施凝聚了多个部门及各级分支机构的科学、严谨和细致工作。考核两年来，部际考核小组成员单位和省级考核审查小组协同配合、有效推进考核工作开展，考核成效有目共睹。编者认为，有必要向各方面读者给予全景介绍，使这项政策更加深入人心，让考核达标机构得到应有的社会认知。

近年来，新型农村金融机构蓬勃发展，成为县域金融的重要补充。人民银行于2009年建立了小额贷款公司、贷款公司统计制度，自2011年起将小额贷款公司贷款计入社会融资规模，并按季度向社会公布小额贷款公司统计数据。考虑到读者的需要，编者此次也将小额贷款公司、村镇银行的统计报告收入书中。

在涉农贷款统计制度和县域金融统计框架建设过程中，得到了调查统计司原司长唐思宁、张涛，原副司长李跃及集中采购中心副主任才宏远的指导。

人民银行货币政策司、金融市场司、研究局和银监会农村合作金融机构监管部的有关同志对本书提出了很好的建议。

人民银行原副行长、银监会纪委书记杜金富对农村金融统计十分关心，为涉农贷款统计制度和县域考核工作多次作出指示并提出具体要求，给从事"三农"金融统计工作的人员以极大的鼓励。

由于时间仓促和编者水平所限，书中难免有不尽完善之处，敬请广大读者提出宝贵意见。

编者
二〇一二年八月